JN265211

カツオが磯野家を片づける日

後悔しない「親の家」片づけ入門

渡部亜矢

SB新書
342

はじめに――こうしてカツオの片づけ地獄が始まった！

20××年。

舞台は東京都世田谷区の閑静《かんせい》な住宅街、磯野家です。

ただ、30年もの歳月が流れ、残念ながらみなさんがご存じの掃除の行き届いた磯野家ではありません。玄関から内玄関までは伸び放題の雑草が枯れ、飛び石を覆っています。その様子は、まるで空き家のようです。

築50年以上の建てつけが悪くなった玄関の引き戸は、風が吹くたびにガタガタと鳴ります。冬だというのに、たたきには汚れて干からびた軍手、豚の蚊やり、殺虫剤がころがっています。ちりとりと箒《ほうき》、バケツや雑巾《ぞうきん》もほったらかしのままで、蜘蛛《くも》の巣が張っています。

下駄箱の上には、カツオが修学旅行で買った木彫りの鮭をくわえた熊や、サザエが集めたこけしなど、こまごまとした物がところ狭しと並び、ほこりを被っています。

花瓶の花はドライフラワー化し、花びらが散っています。

かつては白かった壁も今では茶色に変色し、ボロボロのビニール傘が数本、片隅に立て掛けてあります。ただ、雨の日に差そうとしても使えないことでしょう。

縁側に面した細長い廊下には、新聞や雑誌が積み上げられた段ボール箱が置かれ、崖のように立ちはだかっています。

居間も物だらけで床が見えません。壁際には、食品や生活用品などが入ったレジ袋が、買ってきたままの状態でいくつも置かれています。

ちゃぶ台には、未開封のダイレクトメールや回覧板、爪切りや飲みかけの薬が数袋、汚れた急須《きゅうす》と湯のみ茶碗のセットが置かれたまま。座布団のそばには、割烹着《かっぽうぎ》やカーディガンが脱ぎ捨てられています。

なんということでしょう！

軍手をはめ、マスクをしたゴマ塩頭の磯野カツオ（41歳）がゴミ袋を片手に持ち、フネ（80歳）と言い争いをしているではありませんか。

カツオ「母さん。こんなに紙袋をたんすの隙間《すきま》に詰め込んで、どうするんだよ。１００

袋以上あるよ！　ほこりを被って汚いから捨てようよ」

フネ「使えるのに捨てるなんて、もったいないじゃないか。いつか使うから、取ってあるんだよ」

カツオ「いつかって、いつだよ！　一人暮らしであまり使わないから、こんなにたまってるんじゃないか！　それになんだよ、この手ぬぐいとタオルの山。××銀行だなんて、昭和の合併前の物じゃないか。色だって黄ばんでいるよ」

フネ「使える物は、取っておくのが当たり前じゃないか。カツオはなんて罰当たりな子なんだろうね！」

磯野家がゴミ屋敷化しているだけでも驚きですが、あの穏やかなフネがカツオを怒鳴るとは！　ただごとではありません。

――ここで読者のみなさんは、素朴な疑問を抱いたのではないでしょうか。

私たちの知っている30年前の磯野家は、「愉快」に暮らす昭和の家族団らんを絵に描いたような一家だったはずだと……。

フネは、古きよき日本の主婦の鑑《かがみ》。きれい好きな人で、磯野家は余計な物が一切ない、すっきりした家でした。

しかも、近所づきあいがよく、家事のできるサザエもそばにいたはずです。磯野家のこんなにひどい状況に、だれも気がつかないということがあるのでしょうか。

そもそもなぜ、ゴミ屋敷のようになってしまった磯野家を、カツオ一人が片づける羽目になったのでしょうか。

その「謎解き」と「解決策」が、これから始まる「実家の片づけ」です。

実家の片づけは、少子高齢化社会の到来で、日本人が初めてぶつかる最大級の社会問題といっても過言ではありません。

どんなに今きれい好きで、片づけ上手な専業主婦がいたとしても、家族がたくさんいたとしても、少子高齢化社会においては、実家がゴミ屋敷化して、片づけの問題に直面する危険にさらされているのです。

さらに実家の片づけは、単に物の片づけに止まりません。

空き家率の上昇、介護問題、相続問題とも絡み、複雑になっています。

実際、カツオのように実家の片づけに挑んでいる人や悩んでいる人、その予備軍が増えているのです。

ほとんどの人が無関係ではいられない――それが実家の片づけ問題です。

実家の片づけと言うと、暗くて大変な面しか見えていないかもしれません。ところが、本書を読み進めていけば、恐れるに足りないことが理解していただけると思います。大変な作業ではありますが、最後には安心のハッピーエンドが用意されています。


本書は、実家が散らかる原因と対策、片づけ方のポイントを、わかりやすく解き明かした入門書です。だれもが理解しやすいよう、国民的アニメ『サザエさん』の磯野家をモデルにシミュレーションさせていただきました。

核家族が当たり前の時代において、磯野家は三世代同居の珍しい家族構成だったため、実家の片づけについて説明するのに、最高の教材となってくれています。ただ、原作の世界観と本書の内容は、まったく関係がありません。原作には感謝を込め、敬意を払って、本書の教材として使わせていただいています。

カツオ、サザエ、ワカメの状況に「あるある」と思いを巡らすことで、実家の片づけ問題を解決するヒントになってくれると思います。これは本書には、「家族ができること」「家族にしかできないこと」にフォーカスしたノウハウが詰まっているからです。

実家の片づけで、最後には明るさを取り戻した磯野家を見れば、たとえ多少のケンカがあったとしても、実家を片づけないよりは片づけたほうが、ずっといいということを理解していただけると思います。

まずは実家の片づけは大変というイメージを取り払って読み進めてください。

それでは磯野家の「実家の片づけ」、幕開けです。

※本書に掲載しているデータは2016年2月現在のものです。

カツオが磯野家を片づける日

目次

Part2

カツオが向き合う「物」と「親」
後悔しない「波平の遺品整理」

Part3

カツオを悩ます波平の遺産と相続税
磯野家の「お金の片づけ」騒動

Part 4

カツオを苦しめる「空き家問題」

実家を「迷惑資産」にしない方法

Part5

フネも安心! 自分で備える「生前整理」

あとあと遺品整理を楽にする「身辺の片づけ」

プロローグ　葬儀どころじゃない物だらけの家

●波平急死で始まった磯野家の大騒動

●開けてビックリ！　親の家

カツオの苦悩は、ある日突然始まりました。

その顛末《てんまつ》というのは——。

磯野波平（84歳）が、縁側で立ち上がろうとしたところ庭へころげ落ち、盆栽に頭をぶつけて救急車で運ばれ、そのまま亡くなったのです。

カツオは、病院で泣き崩れるばかりのフネに代わって、真夜中にもかかわらず、当座必要な保険証や現金を取りに実家に戻ってきました。

勉強は不得意のカツオでしたが、なんとか大学を卒業し、口が達者なことが認められ、就職氷河期にもかかわらず、電気メーカーの営業職に就くことができました。

ずっと地方の転勤族だったので、帰省するのはお正月のみ。平日は夜中まで働き、休日は昼頃まで寝ていて、起きたらコミックを読むことだけが楽しみな、気ままな独身生活を送ってきました。

それがついひと月前に、東京本社の係長に昇進し、郊外の独身寮に越してきたばかりです。寮の引っ越し荷物の片づけが落ち着いたら実家に顔を出そうと思っていた矢先、波平は逝《い》ってしまったのです。

「こんなに突然逝ってしまうのなら、東京に戻ってすぐに実家に顔を出しておけばよかった……」

後悔先に立たず。カツオは肩を落としました。

もう波平に「ばっかもーん」と怒鳴られることはないのです。カツオは深い悲しみに押しつぶされそうでした。

カツオは呆然《ぼうぜん》と立ち尽くしていましたが、気を取り直し、フネが大事な物をしまいそうなたんすを一段ずつ物色し始めました。

「サザエ姉さんったら、なんでゴミ屋敷になるまでほっといたんだよ！」

怒りというより、カツオは情けない気持ちでいっぱいになってきました。

カツオは、実家のことは近くに住んでいるサザエがすべてうまくやってくれていると思っていたのです。でもそれは、カツオの思い込みにすぎなかったようです。

磯野家の近くに住むフグ田家の事情

サザエ（54歳）は、数年前からコンビニでパート勤めをしています。三河屋さんの御用聞きだった三郎さんが店長になって始めたフランチャイズのお店です。

ところが三郎さんの母親が倒れ、しばらく青森の実家に帰っていて、サザエは急ょ店長代理に抜擢され、忙しかったのです。それでも病院で波平が亡くなり、パニック状態のフネに付き添いながら、葬儀の間、自分の代わりに仕事をしてくれるアルバイト探しで、電話をかけまくっていたのでした。

フグ田家はバブル時代の後にローンを組んで、磯野家の近所に夢のマイホームを手に入れました。マスオさんは「ムコ養子疑惑」を返上し、ハッピーだったのも束の間、勤めている商社が円高で年棒制（実質減給！）になり、フグ田家の家計は火の車になってしまったのです。

そのため住宅ローンのボーナス返済部分を、サザエのパート代が支えているのです。さらにアメリカの大学院に進んだ、タラオの学費も捻出しなければなりません。サザエは、家計の内情をカツオには言えませんが、働かざるを得ないのです。

それでもサザエは、波平とフネが年を重ねていくにつれ、親の家が散らかっていくのをなんとかしたいという、長女としての気持ちがありました。

このままにしておくと、自分も両親も体力がなくなり、物が増えるばかりで大変だと、うすうす気がついていたのです。それでも時間がありませんから、罪悪感を覚えつつも、片づけを先延ばしにしていたのでした。

では、心優しいマスオ（58歳）は、どうしているのでしょうか。

数年前から、大阪に住むマスオの母が認知症になり、施設で暮らしているのです。マスオの母は、女手一つでマスオを東京の大学まで行かせてくれた肝っ玉母さん。今でいう働き者のシングルマザーです。この日、マスオは大阪に帰省していました。

親思いのマスオは、介護割引の効く飛行機や、夜行バスを利用して、たびたび帰省しているのです。かつてのようにゆったりと波平と碁を打ったり、晩酌をしたりするといった磯野家で過ごす時間は、ここ数年、ほとんどなくなっていたのでした。

海外出張と二人の子育てで多忙なワカメ

カツオのスマートフォンの着信音が鳴りました。ワカメからのメールです。

ワカメ（39歳）は、海外出張もバリバリこなす、外資系企業のキャリアウーマンです。3歳と5歳の娘の母親でもあり、子育ては保育園とベビーシッターさんの「併せ技《わざ》」で乗り切っています。夫は半年前から中国に単身赴任中です。

ワカメの夫は一人っ子。80歳を超えた義父母の身の回りのことは、介護サービス会社に任せていますが、何かあると義父母や、介護サービス会社から代わる代わる電話が入り、義父母宅へ駆けつけなければならない状態です。最近話題になっている「ダブルケア（子育てと介護の同時進行）」の当事者と言えます。このような状態なので、ワカメの生活は毎日綱渡りのようです。

ワカメもサザエと同じように、磯野家が片づかなくなっていることは気がついていました。そうは言っても、忙しいワカメの自宅マンションも、二人の保育園児がいるため片づかず、困っているくらいです。実家の片づけまで、気を回すことができずにいました。

優等生のワカメでさえ両親は特別、まだまだ元気だから大丈夫と自分に言い聞かせ、何か対策を考えるわけでもなく、目をつぶるしかなかったのでした。

忙しいワカメが波平の訃報《ふほう》を知ったのは、シンガポールに出張中のときでした。


カツオは、ワカメから届いたメールに目をやりました。

「飛行機のチケットが取れました。明日の夜には東京に着きます。お兄ちゃん、お母さんのこととお葬式の準備、よろしくm(_)m」

ご丁寧に顔文字までついています。こんなときに不謹慎な奴だと、カツオは思いましたが、悲しさで腹も立ちません。

カツオの二人の姉妹は忙しく、タラオは海外、マスオは大阪を行ったり来たり。七人家族で和気あいあいだったのは、遠い昔のことなのです。

このような状態だったため、実際に片づけや葬儀の手配をするのは、地方から都内に戻ってきたばかりのカツオでした。自分の部屋の片づけもままならない、実家から一番遠い所に住むカツオの肩に、責任がのしかかっているのです。逃げも隠れもできません。

カツオは、波平が住み慣れたこの家から葬儀を出すのが父さんのためだと、長男としての役割を果たすべく実家に戻ってきたのです。

ところが、実家がこのありさまでは、葬儀どころではありません。波平が帰ってくる場所も、家族全員が座る場所もありません。サザエが言うように、家に人を呼ぶのは無理なので、メモリアルホールに葬儀のことを一切お任せするしかなさそうです。

真夜中に呆然と立ち尽くすカツオ

しばらく呆然と立ち尽くしたあと、カツオは貴重品を探し始めました。タンスに鏡台、押入れの中……。どこを探すというよりは、物をかき分けながらの「家探《やさが》し」です。すぐに見つかりそうにありません。

多少、散らかってきたなとは思っていたものの、ここまでとは……。

こんなに荒れた家で、母さんと父さんはどうやって暮らしていたのだろう?

あんなにきれい好きな母さんと、威厳ある父さんだったのに……。

1年半以上前のお正月に帰省したとき、サザエが茶の間にある物を、とりあえずかつてのカツオとワカメの子ども部屋に移動させ、みんなが座れるようにしたと、ずいぶんブツブツ言っていたことを、カツオは思い出しました。

そのときのカツオは、まるで他人事でしたので、多少掃除が行き届いていないなあと思いつつも、聞き流していただけでした。

もしかしたら、父さんは廊下に置いてあるチラシやレジ袋に足を取られて滑り落ちたとしたら……。もし、そうだとしたら、この前帰省したときに、せめて廊下だけでも片づけておけば、父さんは命を落とすことがなかったのではないか？

想像にすぎないと思いながらも、カツオは後悔せずにはいられませんでした。

真夜中の散らかった部屋で、カツオの頬に涙がつたい落ちました。

それは、カツオの片づけ地獄の幕開けでした。

四十九日をめぐって口論勃発！

波平の葬儀を終え、はじめて迎える日曜日。

カツオが小さい頃は、磯野家の家族団らんの象徴だった茶の間ですが、今は様子がまったく違います。

フネはここ数日、床に伏せています。葬儀で疲れてしまったのです。

テレビの周りには、香典《こうでん》返しの品や、葬儀会社の資料、空のペットボトルが散乱しています。

サザエは、ちゃぶ台の上にある爪切りやティッシュペーパーなどのこまごまとした日用品を両手でガッとブルドーザーのように端に寄せ、かろうじてできたスペースに勤め先のコンビニ弁当を並べました。サザエは、最近はもっぱら勤め先の弁当やおかずを差し入れするだけで、磯野家で料理をすることは、ほとんどなくなりました。

カツオは、この週末ずっと一人で実家の片づけをしていたので、イライラが頂点に達しています。

カツオ「ぼくは、この家でせめて四十九日をやりたいんだよ。でも、これじゃあ親戚もご近所さんも呼べないじゃないか。ワカメは子どものお迎えとかいって、1時間いただけで帰っちゃうし、姉さんだって近くに住んでいるのに、今まで何してたんだよ！」
サザエ「コンビニは私なしでは回らないのよ。今日だって早朝勤務で3時間しか寝てないんだから！」
カツオ「ぼくだって昨日から、ビジネスホテルに泊まって片づけているよ！」

サザエ「父さんたちを今まで一番ほったらかしにしてきたのは、カツオ、あなたじゃない！　四十九日までにきれいにしたいのなら、あなたがしなさいよ。独身で身軽なんだから」
カツオ「周りから見るほど、ぼくは身軽じゃないよぉ」

年齢とともに増したサザエの迫力に比べれば、カツオの反論なんて犬の遠吠えです。波平が生きていたら、「実にくだらん！」と一喝《いっかつ》しておしまいとなる二人のケンカも、止める人がいない今、エンドレスです。
さて、これから磯野家はどうなるのでしょうか？

Part 1

ゴミ屋敷と向き合うカツオの苦悩

「実家の片づけ」で知っておくべきこと

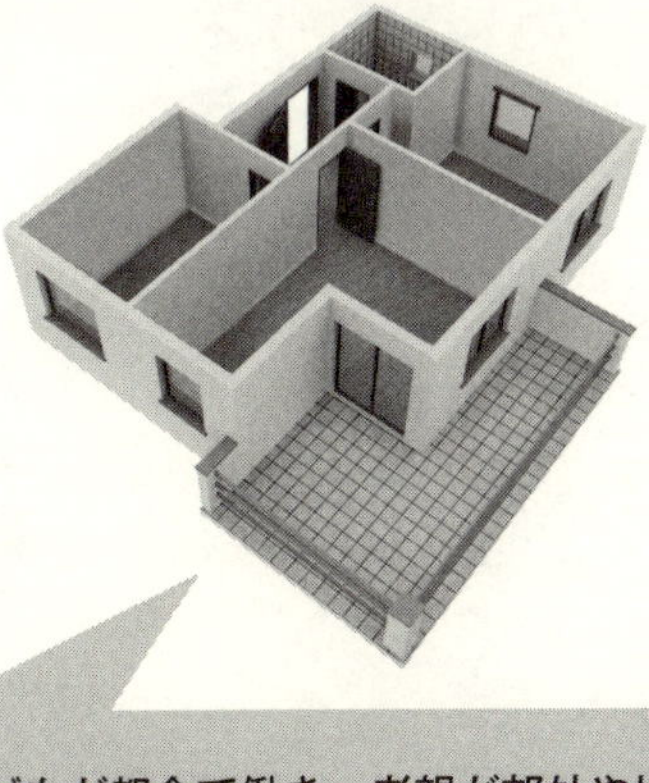

子どもが都会で働き、老親が郊外や地方の実家に取り残されるケースが増えています。
ある日突然、親が亡くなったとき、親が残した大量の物をどうするか——。
20XX年の磯野家を例に見ていきます。

1 磯野カツオ、実家の片づけに取り組む

もはや社会問題と言える「実家の片づけ」

「磯野く～ん、いるんでしょー」

玄関で、花沢不動産の二代目社長こと、花沢花子さんの声がしました。

お父さんから引き継いだ事業を元に、最近では「空き家ビジネス」まで始めた、地元では「やり手」の女性実業家です。

花沢さんは勝手知ったるもので、カツオの返事を待たず、そのまま茶の間に上がり込んできました。

花　沢「サザエさんと磯野くんのケンカを聞いたの、何年ぶりかしら！　裏のおじいちゃんの家まで、丸聞こえだったわよ。いったいどうしたの？」

カツオ「どうしたもこうしたもないよ！」

花沢さんは、磯野家の裏のおじいちゃんとおばあちゃんが亡くなったあとの空き家の管理（34ページ参照）をしています。そのため、たまたまカツオとサザエのケンカを聞きつけて、立ち寄ったのでした。

さっそくカツオは、四十九日までに片づけを一人でしなければならないいきさつを、幼なじみの気安さで花沢さんにペラペラとしゃべりました。

花　沢「磯野くん、それって最近よくある〝実家の片づけ〟ね。親が年齢とともに体力が落ちて、片づけがおっくうになって、物がどんどんたまって散らかったり、ひどくなると、ゴミ屋敷になったりしてしまうの。立派な社会問題よ」

サザエ「うちだけじゃないのね」

花　沢「核家族化もそうだけど、長寿になったおかげで、老老介護プラス『老老片づけ』になっているの。それに、高齢の方の一人暮らし世帯が増えているから、片づかない家がどんどん増えているわ」

カツオ「ぼくや花沢さんみたいに、シングルも増えているしね。年を取ったら、片づけてくれる身寄りがいないかも」

花　沢「じゃあ、磯野くんと私が結婚すればいいんじゃない？」

カツオ「それとこれとは話が別だよ～」

一人で2、3軒片づけることも珍しくない時代

今は高齢者の割合が増えていますが、ライフスタイルが多様化して、自分の両親と義理の両親だけでなく、祖父母や、身寄りのない叔父・叔母の家の片づけや介護にかかわっている人も増えています。

きょうだいが多く、平均寿命が短かった時代は、片づけは単なる家事とか女性の仕事と思われていた時代もありましたが、今は老若男女問わず片づけのスキルが必要です。少子高齢化社会では、ワカメのような事例もありますから、自分の家を含めると、一人2軒、3軒片づけている人が増えています。自分も年を取ることを考えると、できるだけ早く片づけを始めるに越したことはないでしょう。

2 あふれる物以外にも片づける物はある

家族や財産などの情報整理も大切

花沢さんがあたりを見回しながら、何か考えているみたいです。カツオと目が合うと、花沢さんが口を開きました。

花　沢「家の中にある物の片づけも大事だけど、不動産屋としては、この家の将来もすご〜く気になるわ」

カツオ「この家の将来って？」

花　沢「磯野家って、だれがこの家を相続するのかとか、高齢になったフネおばさんが暮らしやすくリフォームするのかどうかとか、話し合ったことないんでしょ？」

カツオ「それ以前に、貴重品すら見つかってないんだ」

花　沢「それじゃあ大変ね。いくら私が優秀な不動産屋でも、和式トイレの物件だと、売ることはできないわ」
カツオ「売るなんて！」
花　沢「職業上、裏のおじいちゃんの家みたいに、空き家になるのを見るのはつらいのよね」
カツオ「花沢さん、ひどいよ！」
花　沢「あら、でも何もしないと、すぐに草木は伸びるし、近所迷惑になるのよ」

磯野家の裏のおじいちゃんとおばあちゃんは相次いで亡くなりましたが、財産も相続人も確定できず、さらに親族での話し合いがつかず、家は数年ほどほったらかしの状態になっていたのです。

将来のために片づけなくてはいけないのは、物だけでなく、家族や財産などの情報の整理も必要なのです。

花　沢「一人で片づけるのは、まず無理ね。実家にあふれる物と情報を整理する専門家に頼むしかないわよ」

カツオ「専門家？　実家の片づけにそんな人がいるの？」
花　沢「実は、早川さんが『実家片づけアドバイザー』という仕事をしていて、引っ張りだこなの。単なる物の片づけや収納の仕方だけじゃなく、フネおばさんと片づけるときのコミュニケーションの取り方や、法律の専門家への頼み方とか、いろんなアドバイスもしてくれるから安心よ」
カツオ「ぜひ早川さんに、力になってもらいたいよ！」

花沢さんは、さっそく早川さんに電話をかけ始めました。

3 「整理上手」な親ほど「ため上手」になる罠

親世代は物を捨てることに罪悪感を抱く

1週間後、カツオは磯野家を片づけるために、3日間の休暇を取りました。
波平がいなくなった悲しみが深いせいか、今日もフネは床に臥《ふ》せています。
「こんにちは」
朝早く、エプロン姿の早川さんがやって来て、さっそく家の中を見て回りました。

早　川「ほら見て。輪ゴムやサランラップはきちんと取ってあるけど、古くなってひっついているわ。包装紙や空き箱もすべて取ってあるみたいね」

カツオ「〝もったいない〟が口癖で、なんでも取ってあるんだよ」

物がなかった大変な時代を過ごし、〝物のあることが豊かさの象徴〟だった高度経済成長期を過ごした世代は、物を捨てることに罪悪感を抱きます。
特にフネ世代の女性は、「物をいかにしまうか」というのが、主婦にとっての腕の見せどころでした。子世代は、基本的に〝すべての物を取っておく〟という親世代の価値観の違いを理解する必要があります。

カツオ「でも、母さんはもともときれい好きで整理上手だったのに、なんでこんなことになったんだろう?」

早　川「整理上手な人ほど、捨てないで〝ため上手〟になるのよ。年齢とともにたまる物が増えるの。特に磯野くんちみたいに引っ越しをしていない家は、捨てるチャンスもないしね」

カツオ「だから、体力がなくなるとしまえなくなって、そのまま置きっぱなしになっちゃうのか」

整然と物が積み重なっている実家は多い

磯野家のように、親が若い頃は整理整頓されていた家でも、気がついたらだんだんと散らかってくることがあります。ゴミ屋敷化した家では、どんどん積み重なった物の下に、きちんと畳んだ服や、整然と並べられた物がしまわれていることがよくあります。

気力・体力・記憶力・判断力の自然な低下により、かつてできたことができなくなってくるのです。お連れ合いを亡くすなどの精神的ダメージのほか、腰や膝が悪くなり、これまでしまっていた場所であっても、低いところや高いところにしまえなくなって、床に置きっぱなしになることがあります。視力の衰えにより、部屋のほこりや汚れに気がつかなかったり、食品の賞味期限の管理ができなくなったりすることもあります。記憶力や判断力も同時に低下し、同じストック品や消耗品が増えてくることもあります。しまった場所を忘れて、同じ物を何度も買ってしまうこともあります。

これらの状態は、自然なエイジングの結果の一つなので、すべて悲観的なことではありません。家の中のいろいろな場所にある洗剤、トイレットペーパー、シャンプー、レトルト食品などのストック品はなるべく一カ所に集め、「見える化」して管理しやすくしていきましょう。また、しまいやすい高さに収納場所を変えたり、重たい家具を動かしたりするなどのサポートもしていきましょう。

4 実家の片づけは生前整理と遺品整理の二つが基本

●遺品整理をしてはじめて気づく生前整理の重要性

実家の片づけの知識がないカツオのために、早川さんはまず基本的なことについて説明することにしました。

早　川「実家の片づけは、大きく分けると『生前整理』と『遺品整理』があるの。磯野くんの実家は、その両方を同時にしなければならないわ」

カツオ「そもそも生前整理と遺品整理の違いから、教えてよ」

実家の片づけは大別すると、「生前整理」と「遺品整理」の2種類があります。「生前整理」は、親が自分の意思で片づけます。将来にわたって本人が暮らしやすくし、自分がいなくなったあとに、家族が困らないためにする物と情報の片づけです。

図表① 生前整理と遺品整理の違い

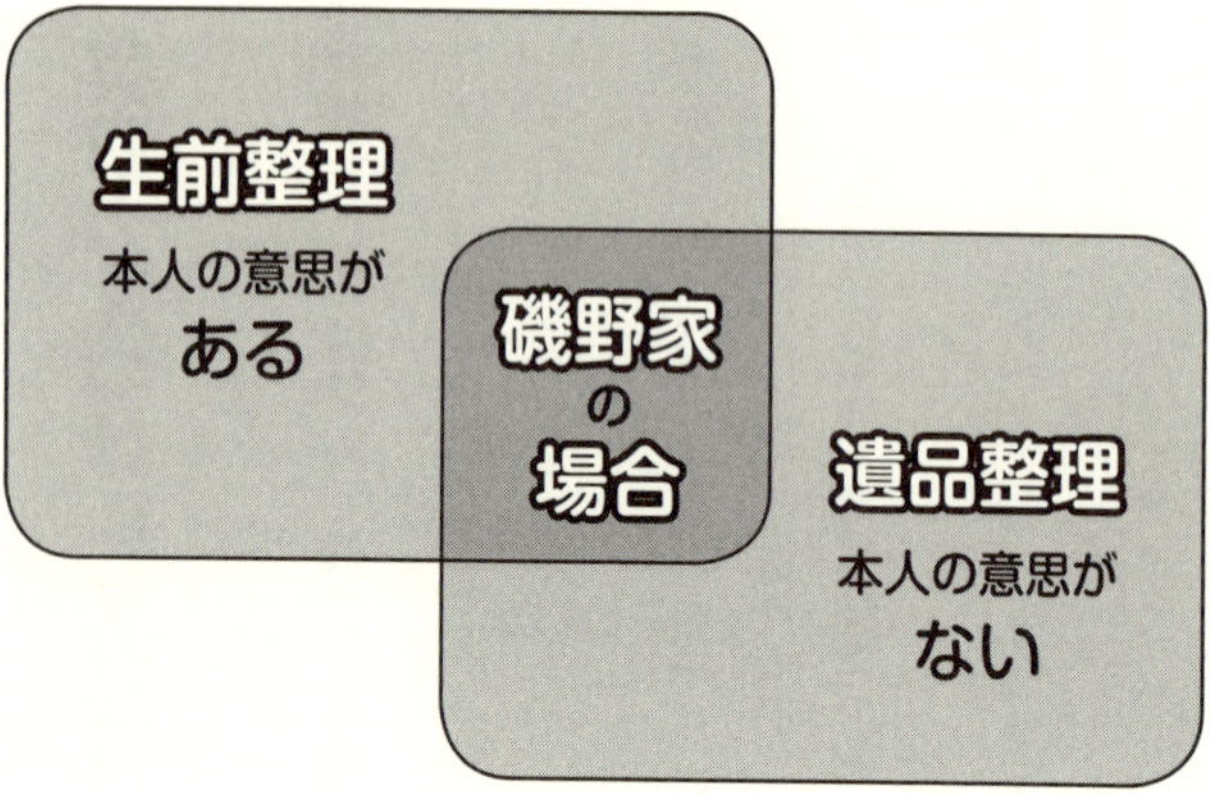

「遺品整理」は、本人が亡くなって周りの家族が片づけることです。物の持ち主である親の意思がわからないため、「いる・いらない」の判断が難しく、精神的な負担が家族に大きくのしかかります。

磯野家の場合、フネがまだ生きていますので「生前整理」が必要で、波平が亡くなったため「遺品整理」もしなければなりません。家がゴミ屋敷化しているため、フネ本人の意思がある「生前整理」だけでも大変なのに、波平の意思がない「遺品整理」までしなければならないのです。

早川さんのアドバイス◎「亡くなってから全部捨てよう」の落とし穴

「親が生きているうちは捨てられないから、亡くなってから全部捨てればいい」という方が、結構いらっしゃいます。でも、この方法は、正解と言えないことがほとんどです。

親が亡くなってからは悲しみのあまり、遺族は何も手をつけることができない人のほうが多いからです。また、精神的なダメージが大きく、実家にある物すべてが親の思い出となるからです。さらに、親族の間でもめて、捨てられなくなるケースもあります。そのため、つい片づけるのがつらくなり、何年も空き家になって放置されることがあるのです。

これが親の住んでいた家が賃貸住宅の場合は、家賃を払わなければいけないという「外圧」があるので片づけることが多いのですが、持ち家の場合は、売る予定や住む人がいなければ、空き家のまま持ち続けることになるからです。

ただ、勧告を受けても空き家のまま放置すると従来の6倍の税負担となる法律が、2015年5月から施行されました（171ページ参照）。さらに2015年からは相続税の負担増にもなりました。そのため、今すぐ税金がかかるわけでなくても、長くほったらかしにすればするほど、いいことはほとんどないのです。
親が元気なうちに、空き家に対する税金や、相続税アップのことを話題にするといいですね。片づけたほうがいいということも伝え、思い出話をしながら片づけていったほうが、後悔しなくてすみますよ。

カツオ「たしかに、母さんが、まだ元気だからね。大切な物が何なのかを聞きながら探したり、片づけたりできるってことは、恵まれているのかもしれないなぁ」

早　川「そうよ！　フネおばさんのためにも、磯野くんがサポートしながら進めるといいわ。生前整理がうまくいく『基本の七ヶ条』を学んで、始めていきましょう」

5 親が元気なうちに始めたい生前整理

「人」が主役の生前整理七ヶ条

波平に先立たれ、残された高齢のフネが、待ったなしで一人暮らしをしなければいけない磯野家で、大量の物の山の前にカツオはたじたじです。

物のための収納や整理ではなく、「人」が主役となる生前整理をしていくための基本の七ヶ条を理解しましょう。

一ヶ条 ……ゴールは「親が安心・安全・健康に暮らせる家」

実家の片づけが難しいのは、親と子で目指すゴール（目的）が違うからです。親世代にとって物は豊かさの象徴なので、子世代の考えるおしゃれ・スッキリ・シンプルな片づけのゴールとは別物なのです。

そのため親子で共有できる病気の不安や、減災・防犯・転倒などの危険をなくすという視点で、生活の質（ＱＯＬ）を高めることを共通のゴールとしましょう。

二ヶ条……片づけの主人公は「親」

実家であっても他人の家。片づけの「主語」は「親」です。基本的に親の基準で片づけていきます。勝手に捨てたり、片づけたりすると、リバウンドやケンカの元になります。

三ヶ条……親世代に「捨てる」は厳禁

親世代は、戦中・戦後の大変な時代を生きた方々。さらに高度経済成長期は、物は豊かさの象徴でした。親世代にとって物はその人の過去や人生の一部ですから、物を捨てることは、身を切られるようにつらいのです。敬意を払って片づけていきましょう。

四ヶ条……片づけの「ＰＤＣＡ」を回す

実家の片づけでは、仕事と違って身内ということで、お互いに甘えが出てしまいがちです。そこで親を客観視する方法として、ＰＤＣＡサイクルを回す方法を使います。

図表② 片づけがはかどるPDCAサイクル

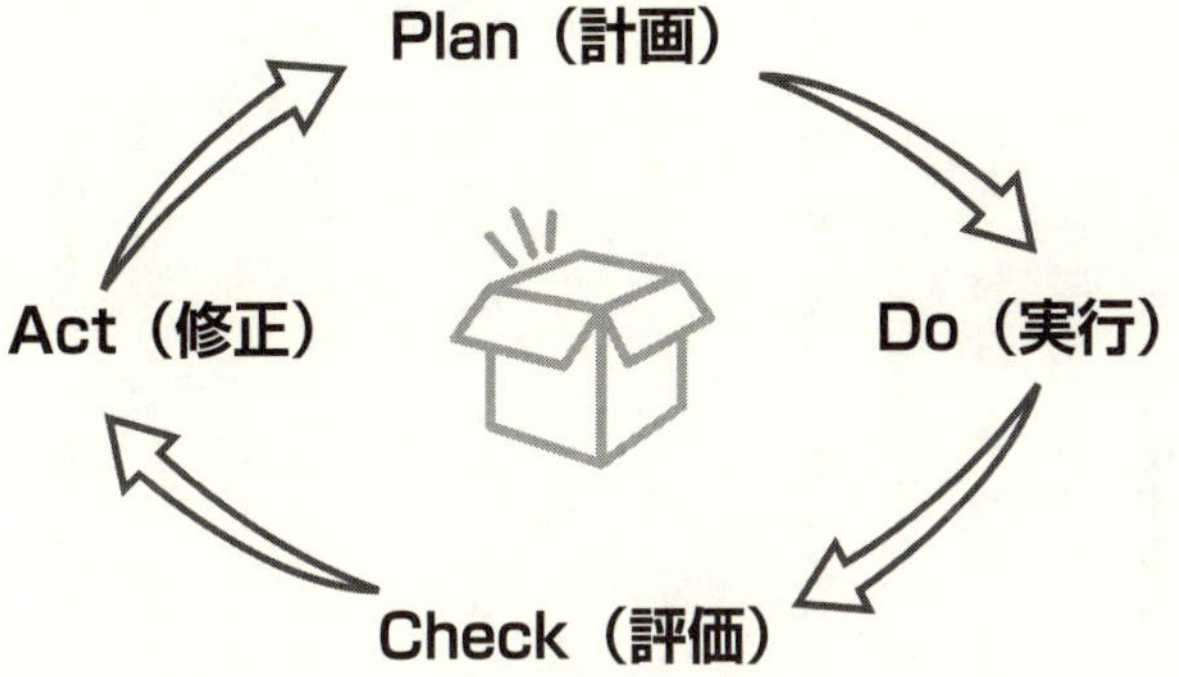

仕事のように接することにしようと思うだけで、相手をリスペクトしやすくなり、片づけも早く進みます。

ＰＤＣＡとは、Plan（計画）、Do（実行）、Check（評価）、Act（修正）＝新しい行動の策定の略語で、この四つを回すことです。

まず、「実家を片づける」という最大の目標を細分化して、すぐに行動に移せるような小さな目標を立てていきます。

［例］
小さな目標　廊下に出ている物をなくす
小さなゴール　安全な廊下にする

そして、実際に片づけた場所に問題が出て

きたら、Check（評価）して、Act（修正）を繰り返していきますので、このPDCAサイクルを回す限り、実家の片づけに失敗はないのです。うまくいかなかったとしたら、それは失敗ではなく、改善点や片づける場所が「見える化」しただけだと思って、ポジティブに回していきましょう。

ただし、満足した収納法であっても、親が年齢を重ねると、健康状態によっては急にかがみづらくなったりして、使い勝手が悪くなることがあります。実家の片づけでは、完璧を目指さないと言うよりは、完璧はあり得ないのです。Do（実行）が終わった瞬間、次のCheck（評価）がスタートし、サイクルを回していきます。完璧だと子世代が思ったとしたら、それはひとときの思い込みにすぎないのです。

五ヶ条……収納方法は、正論よりも習慣を優先

子世代のシンプルな収納法や、便利なグッズを使った片づけ方、新しい習慣をよかれと思って押しつけないようにします。

仕切りのついた収納グッズ、おしゃれな籠《かご》よりも、親世代は使い古しのクッキーの缶に物を並べて入れる方法のほうが、しっくりくることもあるのです。多機能な最新の掃除機よりも、使い慣れた掃除機のほうが、軽くて操作がラクなことが多いこともあるのです。

親は何十年もその片づけ方をしているわけですから、安全面や健康面で問題がない限りは、子世代が譲歩し、それに則した方法を提案していきましょう。

六ヶ条……目標達成でなく、「価値観共有型」のアプローチを

人は、理念と感情によって行動をしていきます。親世代が片づけを続けられないのは、ゴールを「理念」として頭でわかっていても、「うれしい」「気持ちいい」など、片づいたときのメリットとなるプラスの「感情」がないことが多いのです。片づけは習慣という行動を変えることですから、よほど「いいこと」がない限り、習慣を変えることはできません。物がゴチャゴチャの部屋でも、元気な親はちっとも困っていないことが多いのです。

また、親世代は学校や職場で協調性を求められた世代です。子世代のように、「ありたい自分」「片づいた部屋でくつろぐ理想の自分」に向かってタスクをこなし、目標を達成するという仕方には、なかなか馴染めないのです。

特に女性は、「自分がどうしたいか」よりも「家族のため」を優先して生きてきている方が多いので、高齢になってからいきなり、どんな暮らしがしたいかとか、自分らしくとか言われても、戸惑う人が多いのです。

「大事な毎日の生活を、気持ちよく過ごせると楽しい」「孫が安心して遊べるほど片づいた部屋は安全」というような、周りも一緒に価値観を共有できる成功体験を得やすいところから、片づけるといいでしょう。

七ヶ条……片づけられない物は「命を守るのに必要か」一緒に考えてみる

「命」を基準に考えれば、たいていの物は処分できる物だったり、再び買える物になったりすることが多いものです。片づけの手が止まったら、無理強いせず、問いかけてみてください。

早川さんのアドバイス◎片づけと認知症・発達障害

厚生労働省が示した推計によると、65歳以上の認知症の人はおよそ七人に一人で、団塊世代が75歳以上になる2025年には、五人に一人にあたる700万人前後に増えると言われているわ。片づけとともに親と過ごす時間を増やすことで、認知症の兆候をいち早くキャッチし、対策を立てることができるの。認知症が進むと、急に大きな家具を処分したり、模様替えをしたりすると、混乱することがあるのよ。そのため、早め早めの片づけをしておくに越したことはないの。

また、片づけが苦手な方のなかには、ADHD（注意欠陥・多動性障害）・アスペルガー症候群のような発達障害などの方もいらっしゃるの。今では認知されている病気でも、親世代が若い頃はまだ症状が知られていなかったので、本人も周りも気がつかなかった可能性があるのよ。

このような病気の場合、認知症とよく似た症状を示すことがあるの。若いときから片づけがかなり苦手だったなど、心あたりがある場合は、保健所やかかりつけの医師に相談して、そこから別の専門病院などを紹介してもらってみて。

6 捨てるか迷ったら「一時保管箱」を活用する

悩ましい「捨てる・捨てない」の判断

物を捨てたがらないフネと片づけをしなければならないカツオは、ほとほと困っています。そんなカツオを見ても、早川さんは落ち着いたものです。さすがは実家の片づけの専門家といった余裕があります。

カツオ「母さんの世代は、『物を捨てること=悪』でしかないのに、どうやって片づけてって言えばいいんだろ?」

早川「捨てると言うのでなく、分けるだけの『3の法則』を使ってね」

カツオ「『3の法則』!?」

「3の法則」とは、捨てなくてもいい仕分け法です。片づけるときに「いる・いらない」のほかに3秒以上迷ったら、「一時保管箱」に入れます。箱でなくて、ゴミ袋でもかまいません。3秒というのは、短い時間という意味です。この一時保管箱をつくることで、捨てなくてもいいという安心感から、もったいない世代の親でも片づけが早く進みます。

片づけは体力もいりますが、「いる・いらない」の判断をするのに頭を使う、疲れる作業です。その判断に費やす精神的な負担と無駄な時間のグレーゾーンをなくすのが、一時保管箱の大きな役割です。一時保管箱の物は、半年ぐらい保管して使わなければ、なくても困らない物。そのまま見えなくなれば、親は忘れてしまうので、処分もしやすいのです。

カツオ「捨てるって言うと納得しないけれど、収めて『移動』と言えば、親も安心してくれるね」

早　川「一時保管って、親に『捨てて』って言わなくていいから、ケンカせずにすむのが最大の効果ね」

早川さんのアドバイス◎一時保管箱の裏ミッション

実はこの一時保管箱には、裏ミッションがあるの。

親が亡くなったとき、一時保管箱に入っている物は、どれも重要ではないということがわかっているでしょ。そのため、一時保管箱をそのまま処分できるという、子ども側のメリットが大きいの。その分、貴重品や、大事な親の思い出の品、本当に大事な物の片づけに、子世代は集中して時間をかけることができるわ。生前整理は、親が大事な物を分けておいてくれるだけで大助かりってことなの。

7 老親の前では言ってはいけない片づけの禁句

早川さんの説明に納得していたカツオですが、まだ不安が拭《ぬぐ》えない様子です。それでも早川さんには、秘策があるみたいです。

親世代との価値観の違いに気をつける

カツオ「母さんとやりとりしながら片づける方法はわかったよ。でも、物だらけだと、つい頭にきちゃうかも」

早川「私がやっているおまじないだけど、価値観の違いを感じたら、フネおばさんにそのまま言わないで。心のなかで数字を5から逆の順番に、5、4、3、2、1って数えると落ち着くわ」

カツオ「なるほど」

早川「それから『言ってはいけない三つのNGフレーズ』を知っておくだけでも、ずいぶん違うわよ」
カツオ「教えて！」

①捨てない価値観を否定しない

親は物を大事に使うことを前提に生きてきたので、物を捨てなくてもいい理由をずっと考えています。たとえ使わなくても「使う」と言うことがよくあります。

NGフレーズ **「いつか使うって、いつよ」「どうせ使わないんでしょ」**

「すぐに使わないのなら、とりあえず『一時保管箱』へ入れて移動させよう」などと言って、誘導しましょう。

②親を主体にして話す

物が少なかった時代を過ごしてきた親は、物がたくさんあって困るという発想はあまりありません。

NGフレーズ **「荷物を遺されて困るのは、私なんだよね」「片づけをしてあげてるのに」**

「きれいになると孫を呼べるね」「薬が取り出しやすくなるね」など、親にとって片づくことのメリットを伝えます。

③いきなり財産の話をしない

夫婦の間でも、あまりお金の話をしない人もいるぐらい、人によってはデリケートなのが財産の話です。

NGフレーズ **「通帳どこ?」「権利証は?」**

帰省していきなりお金のことを聞かれる親は、ショックを受けたり、お金しか心配していないのかと、自分の老い先が短いように感じたりしてしまいます。本人が財産を整理しようという気持ちがないときは、片づけながらきっかけを見つけて、リフォームや老後の資金計画とつなげて話をしていくといいでしょう。

8 実家を片づける前に大切な六つの準備

片づけは準備で8割が決まる

早川さんの説明のおかげで、実家の片づけに対するカツオの不安は解消されました。先ほどとは打って変わって、意欲的な目をしています。

カツオ「心得はわかったよ。さて、どこから片づけたらいいの?」

早　川「焦らないで。まずは準備よ。これで8割決まるといっても言いすぎじゃないくらいよ」

①期限の決定

賃貸住宅で退去日や家の売却の予定が決まっているときは、その期限から逆算します。

そのまま親が住む場合でも、リフォームの工事をする日が迫っているのなら、その場所を片づけたり、子世代の休暇の都合などに合わせたりしてプランニングします。磯野家の片づけの期限は、親族が集まる波平の四十九日の日となります。いずれも、ゴミ収集日を考慮して計画を立てます。

②優先して片づける物・場所の確定

探したい重要物が何かを確定します。磯野家の場合、遺品整理のなかでも、たとえば、年金手帳・保険証券・家の権利証・一部の通帳など、波平が管理していた重要品の捜索から始めます。

③人手・道具・費用の確保

人手の確保……カツオ、早川さんのふたりが中心になって片づけ、ゴミ出しは後日サザエ、というように担当決めをしておきます。

道具の確保……ゴミ袋、軍手、ゴム手袋、マスク、ガムテープ、段ボール、カッター、はさみ、雑巾、油性ペン、移動先を書くための大きめの付箋、ハンディワイパーなど。

買いに走るのは時間のロスです。帰省前に準備しておくといいでしょう。

費用の確保……片づけにかかる費用を、だれがどのように負担するのか、決めておきます。いい加減にしておくと、もめる元になります。

早川さんのアドバイス◎お金のかかったものはすべて記録

実家の片づけでお金を払ったものは、レシートを保管したり、スマートフォンなどで写真を撮ったりしておいてね。粗大ゴミ処分費や、不要品回収業者や片づけ業者を頼んだ場合の費用、帰省にかかる交通費、ゴミ袋や軍手などの消耗品まで記録しておきます。ここまでしておかなければならないのは、葬儀費用と違い、これらの費用は相続税の控除の対象にならないから。親が元気なうちの片づけなら、費用を親に負担してもらうことも相談してみて。

④ゴミ収集日の確認と捨てる担当者決め

捨てる物がわかったとしても、親世代だけでは実際に捨てることまで終えるのが大変なことがあります。フネの場合も例外ではありませんでした。

カツオ「母さんは、父さんが亡くなったばかりなのに、父さんの物を捨てたことをご近所に知られるのがイヤだって言ってたな……」

早　川「フネおばさんのように世間体を気にする世代は、ゴミをたくさん出すのを負担に感じることが多いのよね」

カツオ「ゴミ出しと言えども、侮れないね」

早　川「しばらくはゴミの収集日に、サザエお姉さんにゴミの収集場所まで運んでもらったほうがいいかもしれないわ」

最近はゴミの分別も複雑になり、日程管理をするだけでも大変です。収集場所に運ぶにしても、体力に不安がある親世代にとっては、ハードルが高い作業です。分別のルールが変わり、面倒になってゴミを溜めこむ高齢者もいらっしゃいます。重たいゴミ袋を収集場所まで運ぶことができないことも、めずらしくはありません。

家庭から出たゴミは、実家のある自治体で処分しなければなりません。きょうだいや家族でゴミ捨てまでできないときは、実家のある自治体に相談して、きっちり捨てるところまで決められるといいでしょう。

⑤一時保管箱の置き場所とゴミ置き場の動線の確保

一時保管箱の保管場所とゴミ置き場への動線も、準備の段階で確保しておきます。目につく所だと親が開けてしまうことがあるので、普段使わない部屋や納戸など、安全な場所で、あまり親が行かない所にしまっておくとよいでしょう。

⑥子ども時代に使っていた「子ども部屋の片づけ」

使う人がいなくなった子ども部屋は、物置化してしまうことがあります。これは子世代に責任があることも少なくありません。

カツオ「ぼくはフィギュアやら、大人買いしたコミックが社宅に収まりきらなくて実家に送ったから、片づけないといけないなあ」

早　川「ワカメちゃんは衣替えのたびに、コートやブーツを車で持ち込んでいたみたいだわ」

カツオ「親に『捨てろ、捨てろ』と言いながら、子どもが捨てられない物も、結構あるんだよね」

親からの苦情で意外と多いのは、子どもが服や本など、自宅で保管できない物を送りつけることです。これでは送られた親も処分に困ります。実家の子ども部屋を大きな一時保管箱にしないようにしましょう。自分の物なら、親に判断を仰がなくても処分できますから、最初に片づけてしまうのがおすすめです。親の一時保管箱を保管するスペースにもなります。

親にあまり片づける気持ちがない場合は、「こんなに捨てたよ」「きれいになったよ」と子どもが片づけた物を親に見せることで、自分もやらなくっちゃという気持ちを引き出す効果があります。また、子ども部屋全体が親にとっての「子どもの思い出」となっていて、片づいていないことがあります。家全体が片づいてきたら、思い出を話し合いながら、手をつけていくといいでしょう。

9 親が亡くなったらすぐに取り組む貴重品の整理

貴重品・重要品探しは侮れない

波平のように「生前整理」をしていなかった人が亡くなると、実家の片づけが困難になることが少なくありません。本人しか知らないことが意外と多いからです。

カツオ「父さんの貴重品がまだ全部出てきていないんだ。とにかく探し出さないと」

早　川「優先順位をつけて探したほうがいいわ。家族が亡くなったとき、お役所などに提出する書類には期限があるものが多いし」

カツオ「期限があるの？　悲しみに打ちひしがれている暇もなさそうだね……」

早　川「亡くなってからの手続きは、書類が揃わないとできないことが多いの。左ページのチェックリストを使ってついでにフネおばさんの分も、整理しておくといいわ」

図表③ 貴重品・重要書類チェックリスト

いざと言うときのために、家族で共有しておきましょう（個人情報なので、取り扱いに注意）。

- □ 預貯金
- □ 印鑑（実印・銀行印）
- □ 生命保険・損害保険
- □ 公的年金の記録・私的年金の名称・年金手帳
- □ 健康保険証
- □ 介護保険証
- □ 運転免許証番号
- □ パスポート番号
- □ マイナンバー
- □ 不動産情報（権利証）
- □ 有価証券
- □ その他金融資産（先物取引・海外資産・外貨預金・ネットバンキングなど）
- □ 貴重品（貴金属・骨董品・絵画など）
- □ 電気・ガス・水道料金の契約状況（引き落とし口座、支払い方法も確認）
- □ 貸金庫・レンタル倉庫・トランクルーム・クレジットカード・互助会・携帯電話・インターネット・SNSの契約（パスワード・ID）・ショップなどの有料会員情報
- □ 借入金・保証債務（残高）
- □ その他（健康情報…既往症、お薬手帳や通院状況）

*保険証券やクレジットカードなど書き写すのが面倒な資料は、適宜スマートフォンで写真を撮ったり、コピーしてノートに貼るなどしてまとめておく。

*リストは、防災用の持ち出し袋と一緒にしておいてもよい。

カツオ「すぐに取りかからないと!」

早　川「貴重品や重要品の片づけには、状況に応じたルールがあるから、慌てないでね」

親が元気で片づけに協力的な場合は、親に貴重品・重要書類をリスト化してもらいます。

親が片づけに乗る気がない場合は、片づけが進んで気持ちが和らいでから、入院して困った知人の例や、防災を理由にしたりして、リストをつくるメリットを伝え、作成できるようにしていきます。

すでに亡くなっていたり、施設入所や入院などで本人の意思が確かめられない場合は、しまってある場所を家族が予測して整理する、いわゆる「家探し」となります。家族にとってはつらい作業です。

重要品・貴重品は、夫婦間でも共有されていないほど、デリケートな問題です。親が元気なうちにリスト化されていると、うれしいですよね。

早　川「そう言えば、フネおばさんは、当座の生活費はどうしてるの?」

カツオ「父さんのキャッシュカードを持ってるみたいだから、自分で下ろすと思うよ」
早　川「銀行口座は、本人が亡くなると凍結されるから、カードがあっても下ろせなくなるわよ」
カツオ「えっ、そうなの!?」

早川さんのアドバイス◎口座の凍結で電気が止まる!?

銀行口座は、その人が亡くなったことを銀行が知った時点で凍結されるの。相続の内容が決まる前に、相続人が勝手に引き出すのを防ぐためよ。電気やガス、水道料金の引き落とし口座が凍結されると、残高があっても引き落とされないから注意してね。支払いがないと、水道やガスなどのライフラインが止まってしまい、生活に支障をきたすから、すぐに名義変更はしたほうがいいわ。
日頃から生活費として現金を用意しておくのも一つの対策よ。大きな災害時に銀行が営業しないときのために備えておきましょう。

10 一人暮らしの親が亡くなった場合の遺品整理

遺品整理の基本手順

遺品整理と言っても、磯野家のように波平が亡くなったあと、フネのように同居人がいるときばかりではありません。実際には、一人暮らしの高齢者が亡くなるケースがよくあります。

早　川「そう言えば、磯野くんの裏のおじいちゃんちだけど、おばあちゃんが一人暮らしのあと亡くなったでしょう。ご家族が片づけることになったけれど、大変だったみたいね」

花　沢「空き家の期間が長くなると、家が傷むから、売りにくくなるわよ」

早　川「一人暮らしの親が亡くなったときの片づけ方の手順は、磯野家みたいなケースとはまた違うのよね」

一人暮らしの親が亡くなると、「遺品整理だけ」をすることになります。家は空き家の期間が長いほど傷み、資産価値が下がります。早めに遺品整理に取り組めば、不要品を高値でリサイクル業者に買い取ってもらえたり、家が傷む前に売却したりすることができます。

悲しみが落ち着いたら、なるべく早く取り組むほうが、実家を負の遺産にすることが防げます。ただし、遺族の心身の健康状態を優先させることを、忘れないでください。

①重要品・貴重品の片づけ

前節で説明した通りです。

②食品の片づけ

キッチン周りを中心に、食べ物は特に腐る物から処分していきます。電気を止める予定がある場合は、先に冷蔵庫の中の物を処分していきます。

③必要な物、部屋ごとの片づけ

片づける人が三人いたら、３部屋を同時進行で片づけていきます。作業に先立って、家族間で片見分けの品を決めておくといいでしょう。

④持ち帰る物・形見分け品の整理

写真やアルバムのような思い出がたくさん詰まっている品は、悲しみが癒えないうちは、無理に捨てたり整理したりしないようにしましょう。長い期間空き家にしないことに越したことはないのですが、賃貸物件など退去の期限がなければ、時間がたってから、ゆっくりと故人と会話するつもりで片づけるよう、精神的に無理のない計画を立てましょう。

Part 2

カツオが向き合う「物」と「親」

後悔しない「波平の遺品整理」

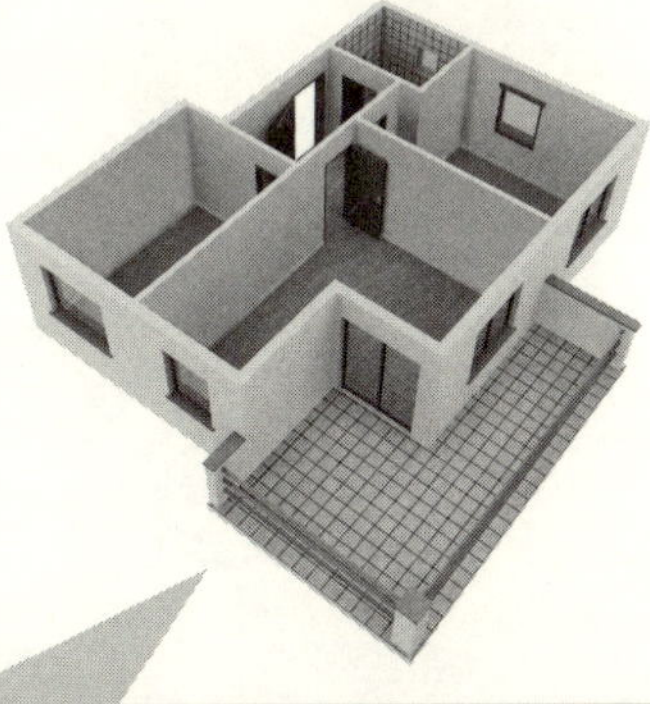

いざ実家を片づけるとなっても、
親の家と自分の家とでは勝手が違います。
親子で共通のゴールを見据えて、
もめずに効率よく進める
「チームワーク」の片づけを見ていきます。

1 波平の貴重品・重要品を片づける

業者を頼むと楽だが、重要度の判断は難しい

早川さんに実家の片づけの基本を教えてもらったカツオは、完全に片づけモードに入りました。

「さあ片づけスタート！　まずは貴重品と重要品からだね」

そこへ割烹着姿のフネが現れました。

フネ「私も、片づけるよ」

早川「フネおばさん、重要品はご家族しか触れられないので助かります」

フネはカツオの熱心さに突き動かされたようです。周りのやる気が波及するのも、片づけの効果ですね。

貴重品や重要品、思い出の品かどうかを判断できるのは家族だけです。業者に頼むにしても、事前に「こういう物があったら、分けておいてほしい」と依頼することぐらいしかできません。大切な物が捨てられても、取り戻すことはできません。やむを得ず重要品の片づけを頼むのなら、信頼できる業者を選んだうえで、何を探して分けておいてほしいのか、はっきりさせておきましょう。

アウトソーシングする場合、早川さんのように高齢になっても安心な片づけ方や収納のアイデアを教えてくれる人のアドバイスを受けて、親子で片づけていくといいでしょう。結果的には、暮らしやすくなり、ゴミも一般ゴミとして少しずつ出していけるようになるので、料金も安くてすみます。

業者に依頼する場合であっても、家庭内から出たゴミは、実家のある地域で処分しなければならないのが原則です。自治体の担当部署に電話をすると、ゴミの運搬などの許可を出している業者を教えてくれることがあります。個人でもゴミを車で持ち込めば、処分費が安くすむ自治体もありますから、問い合わせてみるといいでしょう。

不用品を買い取ってほしい場合は、古物商の免許があるかどうかを確認しましょう。また、鑑定する人によって値段が大きく変わります。

図表④ 不要品回収業者を選ぶときのチェックリスト

□ すべてのごみを
　　　引き取ってくれる／くれない／物による
□ ごみの分別
　　　家族でする／しない
□ 大きい家具の処分
　　　できる／できない
□ 古物の買い取り
　　　できる／できない
□ ごみや不用品はどこに運んで処分しているか
□「人件費」「運搬費」「廃棄物の処分費用」などの明細はどうなっているか
（日程、人数、時間、仕分けの方法、ゴミの量、ゴミの質、マンションの階数、エレベーターのあるなしなどの住まいの状況で料金が変わる）
□ 追加料金の規定（あとで法外な請求を防ぐ）
□ 見積もりは複数とったか
□ 安すぎないか（不法投棄される恐れがないか）
□ 貴重品が壊れた場合などに対応できる損害保険に入っているか
□ 貴重品、重要品、思い出の品の取り扱いをどうするかエアコン、テレビ、冷蔵庫（冷凍庫）、洗濯機と衣類乾燥機の4品目は、家電リサイクル法、パソコンはPCリサイクル法に基づいて処分しますが、型式が新しい場合は、リサイクル品として買い取ってくれる場合があります。

見当たらない通帳の所在は「推測」する

フネが片づける気になり、カツオもやる気満々です。

「さあ～やるぞ！」

さっそくカツオが茶箪笥《ちゃだんす》に手をかけましたが、何かが挟まっていて動きません。思いっきり引っ張ると、引き出しの中はダイレクトメールや預金残高のお知らせ、デパートの期限切れのクーポンなど、とりあえず取ってある大量の紙類でぎゅうぎゅうでした。

カツオ「もう～こんなにグシャグシャ……母さん、通帳はどこだよ。生命保険だって、どこの会社に入っているのかもわからないのに、探すのなんて無茶だよ」

フ　ネ「どこって、どこかだよ！」

あの穏やかだったフネが、声を荒らげています。

磯野家は、届け出や遺品整理にまつわる手続きがあるので、先に重要品を探していますが、本来ならお金に絡む物なので、片づけが進んで親子のコミュニケーションが深まってから、最後に取りかかるべき〝ナイーブポイント〟です。フネは波平を亡くし、心身ともにダメージを受けていますが、早く探さなければいけないことはわかっています。カツオみたいにストレートに言われると傷つくので注意しましょう。

生命保険などの手続きをしたくても、証書がなく、どこに加入しているのかもわからないときは、普通預金通帳に記載されている明細に注目します。保険会社名など、ヒントになるものがあるかもしれません。

また、故人宛のダイレクトメールや口座振替の案内から、入っている保険がわかることもあります。つきあいで買った株券や、本人も忘れていたクレジットカードのお知らせなどがくることもありますから、亡くなってから1年ぐらいは、郵便物には注意を払うといいでしょう。

名刺や年賀状から、つきあいのある銀行や保険会社などがわかることもあります。

これらのヒントになりそうな紙の書類はいったんまとめておき、部屋がある程度片づいてから、家族で見直すといいでしょう。貴重品・重要品を推理できる物がないかを念頭に置いて、「3の法則」（50ページ参照）を繰り返しながら、探すといいでしょう。

●印鑑・権利証は意外なところにあることが多い

実は磯野家は、何度も泥棒に入られたせいか、波平は慎重にしまったらしく、印鑑がなかなか見つかりません。

みんなで必死になって探していると、なんと茶箪笥の戸袋の裏に、3本ほど印鑑がセロテープで貼りつけてありました。

カツオ「あった！」

フネ「通帳と印鑑は別々にしまったほうがいいという話だけは、父さんから何度も聞いていたんだけど、どこにしまったのかは教えてくれなかったんだよ」

早川「波平おじさんは大事にしまいすぎて、わからなくなっちゃったのかもね」

フネ「あらまあ、権利証かと思っていた古い封筒の中身は、ローンの申し込み用紙だよ」

重要品をリストアップしたときは、堂々と「権利証はある」と言っていたのに……。カツオは落胆の色が隠せません。

早　川「古いお宅には、よくあることなんですよ」

カツオ「……」

大事な物を大事にしまいすぎて、しまった場所がわからなくなったり、家族に伝えていないために、なかったことになったりすることがあります。このような場合は、故人がしまいそうなところをイメージしながら探すしかありません。

昔の権利証は「権利証」とは書いていなくて、薄い和紙のような紙に墨で「登記済証」などと書かれたものが結構あります。今は「登記識別情報通知書」という書式になっています。

これらの物は家を売買することがなければ必要ないので、しまった場所がわからないことが時々あります。このような場合、司法書士に依頼すれば、権利証の再発行のような形の書類を作成してもらえます。手数料と親族の手間がかかりますが、その後の相続で名義変更の手続きでは必要になります。

重要品はしまってある場所だけでなく、そこに実物があるかどうかまで、家族で確認しておくといいでしょう。

遺品整理でよくある家族に内緒の骨董品

時々、波平は趣味で骨董の壺を買っていました。ところがまったく目が利かず、たまたま入った泥棒にさえも「ろくな壺がない」と相手にされなかったという逸話があるほどです。家族からも、いつもブーイングを受けていました。

フ　ネ「父さんたら、私に内緒で押入れに、こんなにも壺を隠していたんだね……」
カツオ「どうせ安物だろうけど、一つぐらいいい物があるかもって思うと、捨てられないなあ」
早　川「知り合いの古物商に鑑定と買い取りを頼んでみましょうか」

遺品整理で目にする壺や宝石などは、どれが高かったのか、価値があるのかは、子世代ではわからないことがほとんどです。

波平のように、家族に黙って買っているケースでは高価な物が混ざっていても、そのまま処分されてしまうので、専門の業者に鑑定してもらうといいでしょう。どれが価値があり、どれが親にとって一番の思い出の品なのかを、元気なうちに聞いておけば、形見として親のお気に入りだけを手元に残す判断ができます。

故人の「たんす預金」は相続の対象になる!?

早川さんとフネは、波平の洋服ダンスを片づけ始めました。

フネ「あら、父さんの背広のポケットに、伊藤博文さんの千円札が2枚も入ってるわ」

早川「男性はお財布を持たずに、上着やお尻のポケットにお金を入れている人が時々いらっしゃるわ。ほら、このスラックスには五千円札よ」

今度はカツオが本棚の間から白い封筒を見つけました。ほこりを払って開けてみると、中には旧札の福沢諭吉（一万円札）が5枚も入っていました。

カツオ「うわ〜、もしかして、父さんのへそくり!?」

フ　ネ「……カツオ……それ、父さんのじゃなくて、私のだよ……隠していたことをすっかり忘れていたよ……」

カツオ「……」

早　川「実家の片づけは、親の知らない一面が見えたり、親すらも忘れている物が出てきたりすることがありますね（笑）」

カツオは、波平がお金を背広（スーツ）に入れっぱなしにする癖すら知らなかったのに、フネがヘソクリをしていて、しまい場所を忘れていたという意外な一面を目の当たりにし、驚きを隠しきれません。

波平のように男性のなかには、服のポケットに現金を直接入れる方がいますので、服を処分する際は、ポケットの中をよくチェックしましょう。

現金に限らず、部屋のあちこちから、古いデパートの商品券や図書券が出てくることがあります。封筒や手紙、古いお祝儀袋が出てきたら、必ず中身を確認しましょう。

磯野家の場合、これらの金品は生きているフネの物なので問題はありませんが、高額の現金が出てきた場合、いわゆる故人の「たんす預金」とみなされ、原則として相続の対象になります。相続人に連絡し、もめないようにしましょう。場合によっては、税理士に相談するといいでしょう。

2 庭は防犯上の理由から早めに手入れする

庭はいちばん手をつけやすいエリア

カツオは、重要品の目星もつくようになり、だんだんと片づけに慣れてきました。

カツオ「さあ、いよいよ本格的に部屋を片づけるぞー」

早川「焦らないで。片づけには順番があるのよ。ステップの順に片づけてね」

花沢「磯野く～ん、早川さぁん、いるんでしょう～。実は、磯野くんちの毛虫をなんとかしてほしいって、ウチに相談があったのよ」

カツオがいない平日、磯野家の手入れをしていない植木によるクレームが、町内会から花沢不動産に入ったのです。仲のよかったご近所さんから苦情を言われたため、フネは大きなショックを受けています。

早　川「お庭とか玄関とか、外回りは最初にきれいにしておきたいところよ。枝が伸び放題だったり、草ぼうぼうだったりすると治安も悪くなるわ」
カツオ「うちは何度も泥棒に入られているから、母さん一人だと心配だしなぁ」
早　川「磯野くんと私たちが家の中を片づけている間に、庭師さんを頼みましょうか」
カツオ「そうしたほうがよさそうだね」

しばらく帰省しないと雑草が伸び放題になったり、住んでいても、知らないうちに枯草がとなりのお宅に絡みついたりして、苦情になるケースがよくあります。
しかし、放火や泥棒などの防犯上の危険を伝えると、親も納得しやすいエリアです。部屋の片づけに業者を入れたがらない親でも、庭師を頼むのはＯＫという親が多いのです。簡単な庭の手入れなら、地域のシルバー人材センターなどに相談するのもいいでしょう。

3 寝室からトイレまでの動線を確保する

片づける目線は「下から上」

いよいよ生活エリアに取りかかります。ただ、プライベートな物の片づけに近づいてくると、途端に親のガードが堅くなります。

早　川「玄関から廊下、窓付近は生活動線。物につまずいたり、いざと言うときの逃げ道がふさがれていたりしたら危険ですね」

フ　ネ「そうだねえ、地震がきたら逃げられないしね」

早　川「廊下に積んである物が崩れて、トイレに閉じ込められたら大変ですよ」

フ　ネ「ここにある物で捨てる物は一切ないんだけどねえ……」

早　川「使わない物は一時保管箱に収めて移動するだけですから、安心してくださいね」

片づけるときは目線を「下から上」へ移すといいでしょう。まず目線を「下」にし、生活動線上にある床置きの物を一時保管場所へ移動させます。防災目線で家から脱出する避難動線もイメージするといいでしょう。

高齢になると、なんでもないところでつまずく危険性があります。「今までは大丈夫」と言い張る親がいらっしゃっても、ここは安全面を強調して、何も置かない状態に近づけていきましょう。高齢になると、お手洗いも近くなりますので、トイレから寝室までの動線は、必ず確保します。床置きの物がなくなったら、キッチン、リビング、寝室の床置きの物を一時保管場所に移動させます。

床置きがなくなったら、目線を「上」に移します。食器棚やタンスの上、寝室の頭の上にある物をなくしていきます。あることすら忘れてしまっている物や、もらい物など使わない物は「落ちてきたら危険」と親に伝えて、一時保管箱に移動させましょう。

4 寝室・キッチン・居間は片づけ最難関エリア

寝室の安全を確保することが大事

カツオは片づけをしていて、いろんなところで見かける物があることに気づきました。これらの物を見て、カツオはフネが高齢であることを改めて痛感しました。

カツオ「母さん、薬があちこちにあるよ。それにこの湿布、干からびているよ！」
フ　ネ「最近、腰が痛いから、湿布や痛み止めをたくさん使うんだよ」
カツオ「腰が痛かったんだね。知らなかったよ」

常備薬など、具合の悪いときに探していたら、命にかかわることがあります。薬は一カ所に集めて飲み忘れを防いだり、探し回ったりすることがないよう、探しやすくなる工夫をしていきます。診察券とバッグをセットにした「通院セット」をつくっておくのもおすすめです。
物の片づけだけでなく、かかりつけの病院はどこかなど、家族で親の健康状態を把握するため、情報の共有もしておきましょう。

カツオ「枕元を片づけて、眼鏡や湿布をしまう場所をつくろうか」
早　川「籠などを使って、いつも使う物や災害時の持ち出し品をセットにしておくといいわよ」

寝室は、一日の3分の1を過ごす場所です。安心して過ごせるよう、高いところから落ちてきそうな物が置いていないかをチェックします。寝ている間に地震がきたときに家具が倒れてこないか、親子で考えるといいでしょう。
元気なうちに、介護ベッドなどが入っても大丈夫なくらい、余裕のあるレイアウトにしておくのが理想です。

キッチンは「聖域」！　片づけ難易度は高い

流しのそばには七人家族の頃に使っていた大鍋と、フネが一人用に買い足した小さな雪平鍋《ゆきひらなべ》があり、かえって物が増えています。シンクの横には、5キロの米袋が3袋も積んであります。「新米」というシールが貼ってありますが、精米した日付を見ると2年前。棚の中の調味料は賞味期限切れのオンパレードです。

フネはつい習慣で七人家族だった頃と同じような量を買っていて、使いきれない物があるようです。

フネ「最近はキッチンとか言うらしいけど、私にとっては『お勝手』だから、好きにさせとくれ」

カツオ「母さん、しょうゆの賞味期限が1年以上も前だよ。それに買い置きが3本もあるよ。一人暮らしなのに、こんなにいつ使うんだよ！」

フネ「あら、見た目はちっとも変わらないじゃないの。安かったんだよ。カツオは罰当たりだね」

カツオ「……罰当たりってなんだよ。おなかにあたるよ！」

台所は、フネのような主婦にとってはプライドが詰まった「聖域」です。ハートに近い所なので、片づけの難易度が一気に上がります。

賞味期限切れに気づかないのは、目が悪くなりチェックできなくなっている可能性があります。期限切れの物は、気がついたら親子で処分します。食べきれる少ない量だけを買うよう、話をしていきます。

一人暮らしの親は、自分が動けなくなったときの心配から、ストック食品をたくさん持つ傾向があります。子世代が「食べ物がなくなったら、電話をくれればすぐに送るよ」といったように、買いだめしなくても安心してもらえるよう、声かけをして不安を減らします。

食器については、磯野家のように大家族だった頃の数を持っていることが多いです。できるだけ軽くて使いやすい物以外を一時保管していきます。

磯野家にある〝大家族仕様〟の大きな鍋は、すでに鍋としての役目を終え、フネにとっては「思い出の品」として保管します。そのほかの調理器具も、使わない物は一時保管で別の場所に移動します。いつも一人で使っている物を、使い勝手のいい場所にしまっていきましょう。

キッチンは健康に直結するエリアで火も使うので、できるだけ使う物だけにして、安全も確保していきます。

茶の間（リビング・居間）はなんでもあり状態の片づけエリア

いよいよ磯野家のシンボル、茶の間（リビング・居間）です。片づけをしていると、かつて波平が座っていた座布団の下から「櫛《くし》」が出てきました。1本しかない頭頂部の髪の毛を、波平は毎日この櫛でとかしていたのです。フネは涙ぐんでいます。

茶の間は、家族全員が集まっていた場所なので、故人に限らず、さまざまな思い出の品が出てきます。特に遺品は、その場で「いる・いらない」の判断をしようとすると、時間がかかります。別に分けておき、形見分けも含めて、落ち着いてからゆっくり片づけていくといいでしょう。

カツオ「なんだい、この派手な赤のマフラーは?」
フ　ネ「去年の冬、サザエが置いていったんだよ。そっちにはカツオのマンガも残ってるよ」

（しまったといった感じで、カツオがゴマ塩頭を掻《か》きました）

早　川「サザエさん、磯野くん、ワカメちゃんと別々の箱に分けて、あとでそれぞれの人に片づけてもらいましょう」

茶の間は、同居していない家族の物がそのまま残っていることがあります。悩まず人ごとに仕分けをしていきます。

毎日使う文房具、書類、化粧品など、散らばりやすい物は、ここ1週間使った物だけを残して、箱に入れてグルーピングしていきます。きれいにしまうと言うよりは、「ここを探せば出てくる」程度の分け方にするといいでしょう。

メガネや入れ歯、血圧計、リモコン、はさみやペンなど、フネの生活必需品だけをセットにした箱をちゃぶ台に置き、散らかりを防止するのもいいでしょう。

紙の書類や手紙類は、重要な物やすぐに返事をしなければならない物と、それ以外の物に分けて、それぞれまとめておきます。片づけが落ち着いたら、封筒に入っている物を開けて、いらない物を処分していきます。

写真や趣味など、判断が難しい物が出てきたら、考えたりせずその都度箱に分けていきます。家じゅうの物をジャンルごとに集めておいて、落ち着いてから片づけます。

●大量の衣類は「着る」「着られる」で分ける

フネの寝室には、カツオたちが実家を離れてから買い足したパイプハンガーに、大量の服や着物が積み重なって山になっています。

早　川「服のミルフィーユね……」
カツオ「割烹着だけで5枚以上もあるよ。着るのは上の2枚だけだよ」
早　川「このパイプハンガー、服を掛けすぎてパイプが斜めになっていて危険よ。片づけましょう」

掛けすぎで動かないパイプハンガーは危険です。着ない服は一時保管などにして、撤去していきましょう。

また、衣替えの時期は季節の変わり目でもあるため、気温の変化が激しく、体調も崩しやすい時期です。高齢になるほど寒さ・暑さに対応できる服をサッと出せるよう、衣替えのいらないクローゼットやたんすにしていきます。

親世代は着ることができても、流行遅れや、好みが変わったなどの理由で、着ない服を捨てることなくたくさん持っています。「着る服」と「着られる服」に分けて考え、着ることはできるけれど着ない服は、一時保管箱を利用して移動させていきます。思い出や形見なら、きちんと保管する方法を考えます。

男性で多いのは、現役時代の社章入りのユニフォーム、定年前まで着ていた背広（スーツ）やワイシャツなどは捨てられないアイテム。残すのなら服としてではなく、思い出の品として保管しましょう。

着物は、リサイクルショップに売る方法がありますが、身長160センチ以下の人用のサイズや、品質などによっては、買い取ってくれないこともあります。定期的な虫干しなど、保管に手間がかかるので、本当に着物が好きな人にあげるのが一番いいでしょう。着物をワンピースにつくり変えたり、寄付したりする方向も考えていくといいでしょう。

5 波平の「思い出の品」を円満に片づける

本棚は親の今の関心事のシグナル

ずいぶんフネも片づけに慣れてきたようです。いよいよ親のハートに近い趣味や思い出の品に進みます。

カツオ「こんなところに文学全集があるよ。重たいし、もう読まないよね」

フ　ネ「これは私が女学校時代に、となりのお軽さんと一緒に読んでいたんだよ。時々見ているよ」

カツオ「見るったって……本なんだから、読まなきゃ意味ないじゃん!」

フネにとって古い文学全集はもはや本ではなく、思い出や癒し系グッズ。新しい本は、最近の親の関心事です。どういった本を読んでいるのか、さりげなく観察するといいでしょう。それがきっかけで親との会話がはずむこともあります。
必要のない本は、資源ゴミに出す以外に買い取りに出す方法があります。高価だった本は、売ると言えば親も納得する場合が多いのですが、文学全集や百科事典は親世代の頃と違い値段がつくことが少なくなりました。事前に問い合わせるといいでしょう。

思い出の写真を見だすと時間ばかりかかる

茶の間の隅に、クッキーの大きな丸い空き缶が無造作に置かれています。開けてみると、そこにはカツオがまだ小学生の頃の写真がざっと100枚以上入っていました。その中にはハイキングや花火大会、海水浴場で家族七人で撮った写真がありました。

カツオ「父さんはこのときから頭頂部の毛が1本だったんだ……サザエ姉さんなんて、ビキニだぜ～」
（カツオはなつかしさで手が止まりました）
早　川「家族思いのいいお父さんだったわね……でも、思い出の品を片づけるのは最後。

特に写真を見だすと、片づけの手が止まってしまうわ。一つの箱にまとめておいて、お部屋がきれいになったら、あとでゆっくり見直してね」

写真や思い出の品は、なかなか捨てられない物です。特に亡くなった方のお写真や思い出の品は、見ているだけで時間ばかりが過ぎていきます。写真や思い出の品が出てきたら中身を吟味せず、箱などに入れて一カ所にまとめておくほうが、あとでゆっくり整理できます。家全体が片づいてから、家族で話し合ってベストアルバムをつくるのがおすすめです。

ベストアルバムは、軽いはがきサイズのホルダーに、お気に入りの「ベストショット」を選んで入れておきます。親が高齢になり寝ている時間が増えたり、万が一入院や施設入所したりといったとき、持ちやすい軽いアルバムなら、枕元で見て思い出を楽しむことができます。

このほか、ＤＶＤにしてくれたり、スキャンして保存したり、データを渡すと1冊にしてくれる業者もあれば、いらない写真をアルバムごと段ボール箱に詰めて送ると、写真供養をしてくれる神社もあります。子世代がフォローして、整理の仕方を決めましょう。

押入れや納戸の「趣味の物」を片づけるのは最後

押入れを開けると、囲碁大会での賞状、盆栽の専門書、釣り用のベスト、俳句をしたためるための短冊などが突っ込まれていました。

カツオ「父さんって、意外と趣味が多かったね」

早　川「押入れや納戸は、片づけを急ぐ物がないから、後回しにしましょうか」

押入れや納戸は、とりあえず収まっていれば「一時保管状態」です。重要品が見つかったら後回しにします。とりあえずあまり生活に必要がない、思い出の品などが、パンドラの箱のように詰まっているからです。古い家だと、権利証や先祖代々の品などが収まっている場合があるので、落ち着いてから片づけましょう。

「ライフメモ」を使えば親との会話もはずむ

フネと実家の片づけをしていて、カツオは気づいたことがありました。

カツオ「実家の片づけって、親子の会話で始まり、会話で終わるって感じだね。趣味の着物の柄とか好みとか、意外と親のことって知らなかったよ」

早川「片づけがある程度進んできたら、家族の歴史をまとめてみるといいわ。『ライフメモ』回想法って言うんだけど、ファミリーヒストリーを記録しておくの。大切にしたい思い出を書き記しておくのよ」

カツオ「家族史年表みたいなものだね」

早川「そうよ。フネおばさん中心に、波平おじさん、サザエさん、磯野くん、ワカメちゃんも記入しながら、家族のことを書いていくの」

カツオ「なるほど。大事な思い出の品がわかるから、片づけやすくなるね」

早川「家族の変遷がわかるから、あとになって、とても役に立つのよ」

「ライフメモ」は、ファミリーヒストリーの回想録みたいなものです。

生前整理として、親自身が自分史年表を書いてもいいし、家族と同じ欄に書き足してもいいでしょう。書くことで人生の棚卸ができ、片づけと会話が進むコミュニケーションツールにもなります。

片づけを始める前に書くと大切な物の優先順位がつきますが、片づけがある程度進んで親がやる気になってから、親子で会話をしながら書いていきます。意外と親のことは知らないことも多いので、新たな親の一面を見ることができるでしょう。

部屋の数や家族の人数、ライフステージを書き出すことで、物と親の人生（ライフステージ）の関係を知り、思い出を「見える化」することができます。

磯野家のように家族の居住人数が減ったのに、七人分の物を持ち続けているということが、フネにも可視化されます。

大事な物がわかったり、物の持ち方を見直すきっかけになったりするだけでなく、親の人生と向き合うことができます。

実はこのライフメモ、将来介護などのケアを受けるときに役立つという裏のミッションもあります。その人自身のことがわかる簡単なメモがあると、初対面の人でも、会話の質が上がります。ですから聞き取りをしたのなら、子世代がメモとして残しておくことをおすすめします。

図表⑤ 磯野家ライフメモ記入例

和暦 西暦	フネの年齢	波平の年齢	社会の出来事 流行	思い出・出来事・ライフステージ	家族の人数	居住人数	家の間取り広さ等	大切なもの・こと	娘・息子の年齢 サザエ	カツオ	ワカメ
昭和×年 ××××年		0		波平生まれる							
	0			静岡のみかん農家で生まれる	10	8	3間	羽子板			
	10		終戦	お軽さんと知り合う	13	15	3間	おりがみ			
				結婚	2	2					
	26	30		サザエが生まれる	3	3			0		
				世田谷の新居購入引っ越し				ちゃぶ台			
	39	43		カツオが生まれる	4	4		茶箪笥	13	0	
	41	45		ワカメが生まれる	5	5		ラジオ	15	2	0
	46	50		サザエ結婚	4	4		洗濯機	20	7	5
	47	51		孫誕生	7	7			21	8	6
	50	54		磯野家一家テレビに登場	7	7	4DK	テレビ	24	11	9
	60	64		カツオ就職 独立	7	6			34	21	19
	67	71		ワカメ結婚 独立	7	5			41	28	26
	68	72		フグ田家家購入・別居	7	2			42	29	27
	80	84		波平、ご逝去	6	1			53	41	39

●**思い出しキーワード**／学校、友人、恩師、仕事、転居、家族、就職、結婚、健康、習い事、スポーツ、音楽、引っ越し、好きな物
●**未来**／これからしたいこと、これから会いたい人、理想の暮らし

また、高齢になると、今よりも昔のことをよく覚えていて、その人にとって輝かしい思い出を語ることで、気持ちが前向きになることがあります。認知症などのケアの一つとして「回想法」「回想療法」などに実際に使われているのはそのためです。

さらに、フネのような高齢者が戦中・戦後にかけて苦労した話を、子世代が聞くことで、片づけるときに大事な物がわかるというメリットがあります。また、フネから聞いた話をワカメの娘たちに伝えることで、次の世代へと平和のありがたさを継承していくことにもなるのです。

親御さんの特別な思い出を元気なうちに聞いておけるといいですね。

6 片づけたあとのリバウンドを防ぐ方法

片づけのＰＤＣＡサイクルを回す

早川さんとカツオの頑張りで、実家の片づけのゴールが見えてきました。ふたりとも、ホッとした表情をしています。

カツオ「やっとひと通り片づいてきたよ」

早川「せっかく片づけても、リバウンドしたら元の木阿弥《もくあみ》。ＰＤＣＡ（44ページ参照）を回しながら、リバウンドを防ぐコツを心得ておきましょうね！」

①多少もめてもゴールをめざす

いざ実家の片づけに直面すると、元気な親御さんほど、ケンカになってしまい面倒になることがあります。それでも同じゴールに向かって片づけていくと、理解できなかった親の価値観を共有することで、親密になっていきます。さらに、片づいたあとの気持ちよさを共有することで、リバウンドを防ぐことにもつながります。

高齢化社会とは、親も子も平均して寿命が延び、大人同士の親子関係の時間が増えることを意味します。ポジティブに捉えれば、もし今ケンカしたとしても、「修復するチャンスや時間はある」ということになります。

親子関係は世界でたった「一つの関係」しかなく、アウトソーシングできません。実家の片づけをしておけばよかったと後悔するよりは、多少ケンカをしても1ミリでも何かしたほうがずっといいのです。

人が後悔するのは、何かできるのに何もしなかったときと言われています。多少失敗をしても、少しずつでいいので片づけたり、親子の会話を重ねたりしていきましょう。

②床は常に何もない状態をめざす

品物が入ったレジ袋がそのまま床に置きっぱなしになっていたら、リバウンドのサイン。一カ所でも床置きがあると、どんどん床置きが増えていきます。品物が入ったレジ袋だけでなく、さまざまな物が増えていきます。

床置きが増えたなと思ったら、親の健康状態を再確認し、チェックと修正を重点的に繰り返しましょう。

③「使いきるまで」「捨てるところまで」イメージして買い物をする

高齢者が物を増やす大きな原因は、必要以上に買いすぎることです。家族の居住人数が減ったのに、同じような量をつい買ってしまうのです。大きな家具や不燃ゴミになりやすい物は捨てる手間や、粗大ゴミを処分する料金を上乗せした金額までイメージして、買い物をするようにしていきます。

④まとめ買いをしないように安心してもらう

時間もお金も十分にある高齢者の周りには、100円ショップや通販など、買い物しやすい環境が整っています。お店に行くとやさしい店員さんが話し相手になってくれます。

「足りない物は連絡してくれれば、買って持っていくよ」「言ってくれれば、送ってあげるよ」という話を日頃からしておいて、必要のない物を買いすぎないよう、安心してもらえるように、声かけをしていきましょう。

⑤収納グッズ、組み立て家具、多機能商品を増やさない

実家を片づける前に、収納グッズや組み立て家具を買うべきではありません。特に組み立て家具の場合、組み立てるのが面倒で、組み立てられることなくかえって物を増やし、散らかることがあるからです。100円ショップなどで安い収納グッズをつい買ってしまう人がいますが、サイズが合わなかったり、入れる物がはっきりしないと出番がなく、捨てられない物を増やすだけになります。多機能商品も使わない機能がたくさんあると使いづらくなります。

買い物をするときには、親子一緒によく吟味してから買うようにしていくと、会話も増えて一石二鳥となりますね。

⑥ゴミ出しを忘れないようにする

ゴミはためずにできるだけすぐに捨てることが、リバウンドを防ぐ最大のコツです。

ゴミ出しのスケジュール管理は大変ですが、一度でも出し忘れがあると、どんどん出さなくなる傾向があります。必要なら、ゴミ出しカレンダーをつくってキッチンなどの目立つところに貼るなどして、ゴミ収集日には必ずゴミを出せるように子世代がサポートし、工夫していきます。

特に一人暮らしの親の場合、自治体の地域包括センターなどに相談してみるのもいいでしょう。片づけや掃除のサポートをしてくれる部署もあります。

親が高齢になって、掃除や片づけを業者に任せたり、行政に相談したとしても、それは目が悪くなったらメガネをかけるのと同じです。恥ずかしいことではないことを知っておいてもらうだけでも、親の気が楽になるでしょう。

逆にゴミ出しができなくなったら、親からのSOSだと思って見守っていきましょう。

⑦片づけられる量まで持ち物を減らしていく

一般の片づけでは、「今の状態をキープする」のがリバウンドを防ぐコツですが、高齢者の片づけは、それ以上に大変です。個人差があるにせよ、人は年齢とともに必ず体力が落ちていきます。ですから体調が悪い状態でも、日頃から片づけられる状態まで物を減らす努力をしていかなければなりません。そうでないと、物がたまっていく一方だからです。

物があることが生活の豊かさの指針の時代を生きた親世代にとっては、頭でわかっていても、なかなか実行するのが難しいのです。

施設入所や入院の可能性を秘めている親世代が、快適に過ごせるよう実家の片づけができている状態に子世代がサポートして、実家の片づけのCA（評価・修正）を繰り返していきましょう。

カツオ「リバウンドしないコツもわかってきたし、なんとか片づいた状態をキープするぞー」

フ　ネ「昔みたいにきれいな家になって、父さんも喜んでいるだろうねえ。みんなありがとうね」

早　川「いいえ、こちらこそ」

すったもんだが続いた磯野家ですが、四十九日にはなんとか親戚を呼べそうですね。

Part 3

カツオを悩ます波平の遺産と相続税

磯野家の「お金の片づけ」騒動

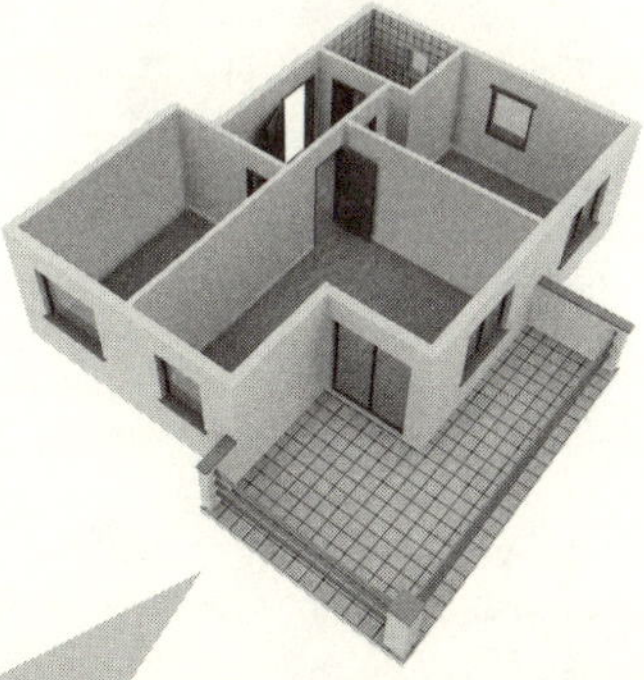

生前どんなに絵に描いたような仲よし家族であっても、相続を機に「争族」になるケースがよくあります。実家の片づけが一段落した磯野家を例に、「お金の片づけ」をめぐる家族会議の様子を見ていきましょう。

1 マスオとタラちゃんは相続人にあらず——磯野家の法定相続人

円満な相続は四十九日までの準備次第！

波平が亡くなって3週間後の日曜日。

カツオの頑張りと早川さんのアドバイスのおかげで、磯野家の茶の間がよみがえりました。

床に臥せてばかりだったフネも、お茶をいれてくつろいでいます。

カツオがこうして実家に顔を出してくれることが、フネにとっては波平を亡くした悲しみが和らぐひとときなのでした。

カツオ「これで、四十九日に人を呼べるよ……（しみじみ）」

カツオは、きれいに片づいたちゃぶ台の上に、片づけの合間に作成した磯野家の「貴重品リスト」を広げてご満悦です。
そこへ、カツオの小学校からの親友、中島くんがやって来ました。

中　島「よう、磯野！　次はいよいよ『お金の片づけ』だな。相続のことなら、オレにまかせろよ」

中島くんは売れっ子のファイナンシャル・プランナー（FP）です。おじいちゃんが亡くなったとき、相続で苦労した経験がありますので、頼りになりそうです。

中　島「相続は四十九日までの準備が勝負なんだ。それを逃すと、家族全員が揃うのは難しくて、話し合いができずに10カ月の期限の相続税の申告に間に合わなくなることもあるからね」

カツオ「何から手をつけたらいいのか、教えてくれよ」

一緒に住んでいたからといって相続人とは限らない

部屋の片づけが終わったのも束の間、今度はお金の片づけとなったカツオですが、小学生からの親友、中島くんの心強い助けに、前向きに取り組もうとしています。

中　島「まずは相続人がだれか、確認することから始めよう」

カツオ「そんなの決まってるじゃないか。まずは母さんだろ、次はサザエ姉さん、ワカメとぼく、それからタラちゃん、マスオさんだよ」

中　島「磯野ォ〜。マスオさんは、法律的には相続人じゃないんだよ。かつては一緒に住んでいた家族でも、みんなが相続人っていうわけではないんだよ」

（カツオの目が白黒しています）

正式な遺言書がなければ、法律で定められた通り、法定相続人に遺産分割することになります。法定相続人の配偶者のフネが2分の1、残りを第一順位である2分の1をサザエ、カツオ、ワカメの三人で分けます。かつては一緒に住んでいた家族と相続人はまったく別なのです。

図表⑥ 磯野家の相続人

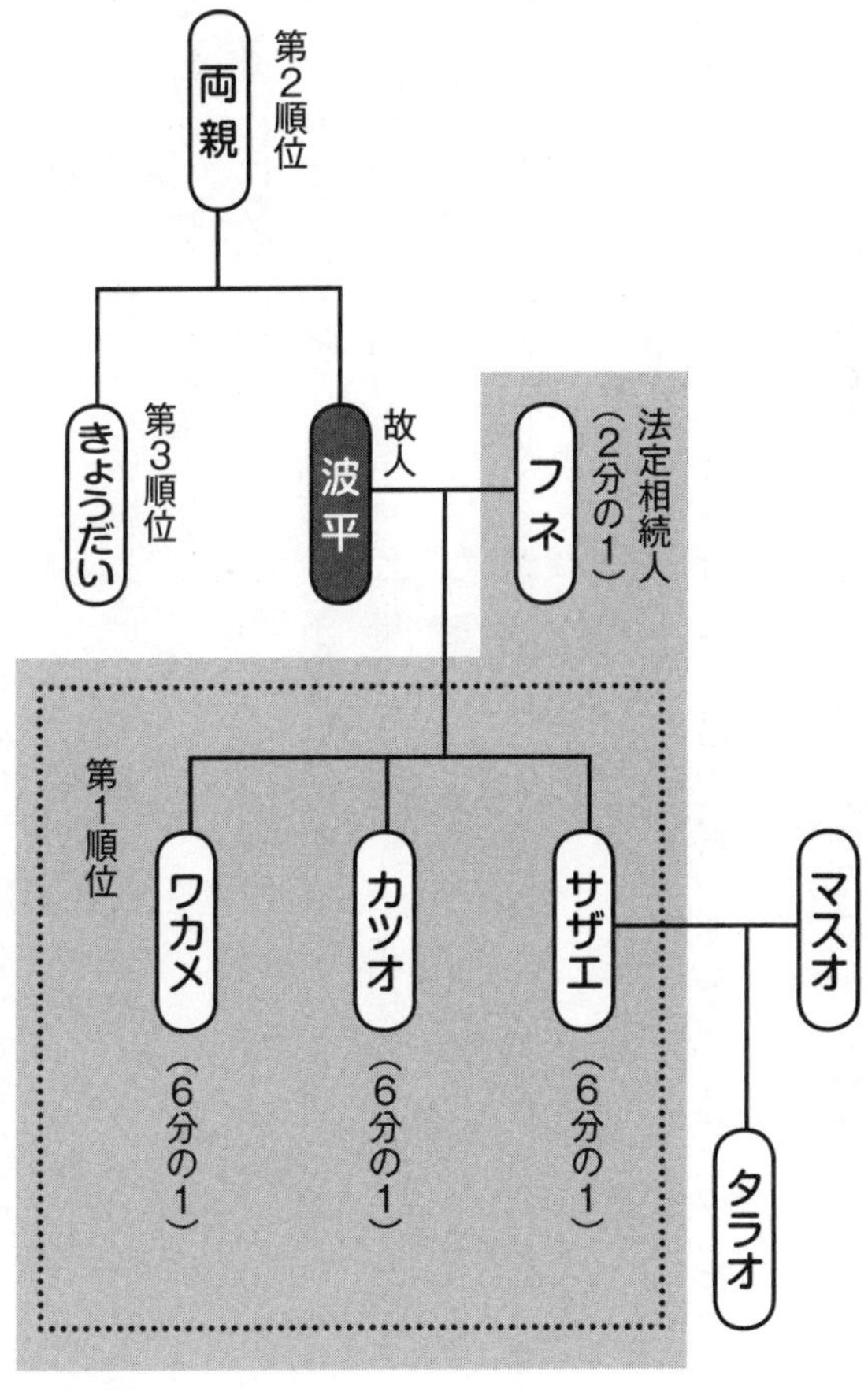

両親
第2順位
きょうだい
第3順位
波平
故人
フネ
法定相続人（2分の1）
第1順位
ワカメ
（6分の1）
カツオ
（6分の1）
サザエ
（6分の1）
マスオ
タラオ

こういった法定相続人の絶対に守られる権利を「遺留分《いりゅうぶん》」と言います。たとえ別居していたり、疎遠であったりしても守られる権利です。

マスオは、波平と特別養子縁組をしているか、波平が遺言書にマスオのことを書いておかない限り、財産はもらえません。

また、波平には双子のお兄さんと妹がいますが、波平の両親は亡くなっているので、カツオたち子どもがいる限り、お兄さんが相続人になることはありません。

さらに、財産の分割は相続人全員が納得をすれば、法定相続分どおりに分割する必要はなく、どのように行ってもかまいません。その際は、相続人の間でトラブルが発生しないよう、納得のうえ、「遺産分割協議書」（132ページ参照）を作成しておきます。

カツオ「ぼくは長男だから、ワカメやサザエ姉さんより、多くもらえるってわけじゃないんだね……（少しがっかり）」

中　島「はは、確かに長男が多く相続する時代もあったけど、今は違うよ。実際には、いろいろな事情で商売やお墓なんかを継ぐ人が長男だったりして、遺言で多く配分されているケースはよくあるけどね」

戸籍は故人の一生分を必ず取り寄せる

相続の基本について、ひと通りの説明をした中島くんは、相続についての具体的な作業を行うため、話を進めることにしました。

中　島「相続人の目星はついたから確定させよう。亡くなった波平おじさんの戸籍は、一生分取り寄せよう。ほかに相続人がいないかどうかを確認するんだよ」

カツオ「父さんは、九州の生まれだよ。そんな遠いところまで行けないよ」

中　島「大丈夫、郵送で取り寄せることができるよ」

戸籍は故人が生まれた場所までさかのぼった「戸籍＝原戸籍」が必要です。磯野家のように相続人が明確のように見えても、ほかに相続人がいないかどうか、確認しておきます。戸籍をたどるなかで、波平にサザエ、カツオ、ワカメ以外に子どもがいたとしたら、法定相続の割合が変わってくるなど、相続全体に影響が出てくるからです。

本籍地がわからない場合は、住民票で本籍地の記入のあるものを取得します（住民票は死亡届を出すと、10日ほどで除票《じょひょう》というものに変わります）。

戸籍は、転籍や法改正、婚姻、コンピュータ化されると改編されます。転籍や結婚のほか、一人の人が1枚ですむということは、ほぼありません。しかも、出生までさかのぼる必要がありますので、案外、手間と時間がかかります。

戸籍がつながらないときや、調査が必要な場合は、弁護士や司法書士などの専門家に相談するといいでしょう。

戸籍は本籍のある市区町村役場に請求しますが、波平のように出生地が遠方だと、いちいち出向くのは時間とお金、労力がかかってしまいます。その場合、事前に問い合わせをし、郵送で取り寄せます。

郵送での取り寄せは、文書が往復するので1週間から10日ほどかかります。事前に該当の市区町村の窓口に電話して、書類に漏れがないかを確認してから、郵送の申し込みをすると安心です。

財産の有無にかかわらず「財産目録」をつくる

戸籍の取り寄せ方をカツオに説明した中島くんは、さっそく本題に入ることにしました。

中　島「次は財産の確定だよ。『財産目録』をつくろう」

カツオ「うちはたいした財産はないと思うけど、必要なの？」

中　島「財産を正確に把握するのが目的だよ。たくさんあるかないかは関係ないよ」

カツオ「遺品整理をしながら貴重品のリストはつくったけど、これじゃあだめなの？」

中　島「このリストをもとに、何がいくらあるのか一つずつ金額を確定させていくんだ。うちはおじいちゃんが亡くなったときにつくったけど、おばあちゃんが先に亡くなっていて、わかる人がいなくて苦労したんだ。フネおばさんの体調がいいときに、聞けることは聞いておいたほうがいいと思うよ」

財産目録は相続税を払うときの基準となります。財産の総額を確定してから、相続税がかかるものとかからないものをチェックしていくのに必要です。

税務署へ提出する必要はありませんが、書面にしておかないと財産の総額をつかむ

図表⑦ 相続財産目録の例

No	財産の種類	所在地又は会社名（口座番号等）	地番又は支店名	地目・名目	数量（持分）	概算評価（単位：円）	備考
1	不動産（土地・建物）	東京都世田谷区桜新町あさひが丘三丁目	12番1号	宅地	250㎡	120、000、000	調査中
2	預貯金（銀行預金等）	××銀行（No、○○○○○）	あさひが丘支店	普通預金	1	10、000、000	調査済
3	預貯金（銀行預金等）	××銀行（No、○○○○○）	あさひが丘支店	定額預金	1	5、000、000	調査済
4	有価証券（上場株以外）						
5	生命保険	○○生命				5、000、000	
6	現金					400、000	

ことができず、税理士に相談することもできません。相続がなくても、若い人であっても、終活の一環として書いてみるのもいいでしょう。

マイナスの財産があっても簡単には相続放棄できない

相続の総額をつかむ重要性を理解したカツオですが、波平の買い物で気になることを思い出したため、中島くんに話してみることにしました。

カツオ「父さんは母さんに内緒で、高い釣竿を買っていて、未払いの請求書が出てきたよ。まったく」

中　島「それも財産になるから、請求書は保管して、財産目録に入れておいてね」

カツオ「なんで？　買い物をして払っていない物が、どうして財産になるの？」

中　島「財産って、プラスの財産とマイナスの財産があるんだ」

財産には、プラスのものとマイナスのものがあります。マイナスの財産が多いときは、相続を放棄することもできます。

①プラスの財産

現物財産（現金・預貯金）、不動産および不動産上の権利、動産（骨董品・貴金属・車・ブランド物、家財）など。

②マイナスの財産

住宅ローンや車のローンに代表される借入金、クレジット契約などの負債、医療費の未払い金、保証債務、未納の税金、個人が借りていた物、マンションの滞納していた管理費など。

財産にはプラスのものとマイナスのものがあり、相続を放棄できることを知ったカツオは、ホッとした顔をしました。中島くんは怪訝《けげん》そうな顔で、カツオを見ています。

カツオ「じゃあ相続放棄って、借金を払わなくていいってことでしょ。さっきの釣竿の未払いの代金はマイナスの財産だから、これだけ相続放棄すればいいってことだよね。住宅ローンは終わっているから家は相続できるし、ラッキー!」

中　島「おいおい、違うよ。相続放棄はプラスの部分だけをもらって、マイナスの部分はいらないって言えないんだよ。相続放棄っていうのは、すべてを放棄するってことだよ」

カツオ「なーんだ」

相続とは「もらいたい物だけ受け取る」ということではないので、注意しましょう。なお、相続には、次の3種類あります。

①単純承認

故人の相続をするかどうかは、相続人の意思に任されます。何もしなければ「単純相続」とみなされ、プラスの財産もマイナスの財産も引き継ぐことになります。

②相続放棄

マイナスの財産が多いときは、一切を引き継がない「相続放棄」を選ぶことができます。この場合、形見を受け取ったり、遺品整理をしたりすると、相続放棄できないことがあります。片づける前に弁護士などに相談するといいでしょう。

③限定承認

財産の一部分だけを引き継ぎたくないときは、「限定承認」となります。

相続放棄や限定承認は、3カ月以内に家庭裁判所に申し立てが必要です。いずれも、財産を一つずつ確認したりするなど、手続きが煩雑です。とくに限定承認は複雑な場合が多いので、相続に詳しい弁護士に依頼したほうがいいでしょう。

2 カツオは相続で慌てない——相続税の基本

相続税がかかるものとかからないもの

相続には3種類あることをカツオに理解してもらった中島くんは、次のステップへと話を進めることにしました。

中　島「さあ、いよいよ相続税がかかるものを洗い出していこう」
カツオ「頼むよ、中島」

①預貯金等

どの金融機関と取引があったのかわからないとき、または支店がわからないときは、「名寄《なよ》せ」という手続きで調べます。ただし、一つひとつ金融機関やその支店を当たる必要があり、調べるにあたって戸籍や証明書などの書類が必要です。財産の総額は

「預入残高＋利子」となります。

②生命保険

生命保険については、契約書や約款で契約内容を確認します。遺族が受取人なら、保険会社に対して支払請求をします。契約人が故人なら、その保険金は相続対象の財産となります。相続人の受取金額のうち、「500万円×法定相続人の人数」までは非課税です。磯野家の場合、相続人はフネ、サザエ、カツオ、ワカメの四人ですから、2000万円まで非課税となります。保険会社に問い合わせをして必要書類を取り寄せ、3年以内に支払の請求をしてください。たとえ3年が過ぎてしまっていても、保険金を受け取ることができる場合もあります。あきらめずに保険会社に問い合わせてください。

③死亡退職金

波平はすでに定年していますが、現役で亡くなった方は死亡退職金が出ます。相続税の対象になりますが、「500万円×法定相続人の人数」までは非課税となります。

④不動産

故人宛に送られてくる「固定資産税納税通知書」を参照します。この通知書には、故人が持っている固定資産税評価額や地番、家屋番号が一覧となって記載されています。それが見つからない場合は、市区町村役場（東京23区は都税事務所）の「名寄帳」を参照します。ただし、それぞれの市町村の不動産しかわかりません。

権利証（または登記識別情報通知書）、購入当時の売買契約書などを参照し、法務局で「不動産登記事項証明書」（登記簿謄本《とうほん》）を取得して権利関係を調べます。必要がなくても、身内が知らないうちに担保《たんぽ》がついて借入があったということもありますので、確認しておくといいでしょう。

また、名義も古い家だと、祖父母のときから名義変更をしていないまま、住み続けていることもあります。おとなりさんとの境界線が違っていたということもあります。ずっと住んでいたから大丈夫だと思わずに、併せて確認しましょう。

不動産については、金額が大きい分、親族のもめごとの元になります。特に現状の把握をしっかりしましょう。今後、だれがどのように住むのか、管理していくのかによって、相続の割合や配分が変わってきます。不動産は財産目録を作成する段階から、シミュレーションしていくといいでしょう。

花沢さんのアドバイス ◎ どう決まる？ 相続する不動産の値段

土地の評価額は大別すると、①時価（公示地価）、②相続税評価額（路線価方式・倍率方式）、③固定資産評価額の三つがあるの。

①時価よりも、②が約8割、③が約7割と低く評価されるのよ。国税庁のホームページに路線価や倍率が出ているから参考にしてみて。

財産を現金で持つよりも不動産で持っていたほうが相続税対策になるっていうのは、こういう理由なの。建物は固定資産税評価証明書に出ている価格が、そのまま課税評価額になるのよ。

不動産は購入した昔の金額でもなければ、不動産鑑定士がつけた値段とか、実際に花沢不動産で取引される値段とは全然違うということも覚えておいてね。

波平の生命保険の契約書を見ていた中島くんは、あることに気づきました。

中　島「生命保険は、波平おじさん自身が受取人だと相続財産になるんだけど、おじさんが入っていた保険は、死亡保険金の受取人がフネおばさんになっているから、相続財産にならなくてよかったね」

カツオ「父さん、ああ見えて、自分の老い先を考えていたのかもしれないね」

中　島「預貯金の残高を問い合わせたり、保険金を請求したりするときは、死亡診断書のコピーや戸籍謄本、印鑑証明書などの書類が必要だから、必要書類を揃えていこう」

カツオ「うちには財産なんて何もないと思っていたけど、調べることはたくさんあるんだね」

早　川「仏壇やご位牌、香典収入、埋葬料などは相続財産とみなされないわ」

カツオ「ご先祖さまの仏壇が財産にならなくて、父さんも安心していると思うよ」

相続財産から控除されない予想外の出費

親が亡くなると相続財産ばかりに目が行きがちですが、どんな出費があるかについても把握しておく必要があります。特に予想外の出費については領収書を残すなどして、あとできょうだいでもめないようにしましょう。これは税金の控除がない場合が結構あるからです。

中　島「早川さんたちに片づけてもらうのにかかった費用や、ゴミの運搬代や処分費用は税金の控除がないよ」

カツオ「いろいろとお金がかかって大変だぁ」

中　島「きょうだいでわだかまりが残らないように、みんなで分担することについて話し合うといいよ」

注意したいのは、次のような予想外の費用が発生する場合、だれが負担するのかということです。多くは子世代のだれかが支払うことになります。領収書などは残して、きょうだいでもめないように費用を分担しましょう（58ページ参照）。

①実家の片づけにかかった費用（ゴミ運搬費・粗大ゴミの処理費用等）

業者が決定してから事後報告するのではなく、見積もり時からほかの相続人にも立ち会ってもらうとよいでしょう。特に費用については、前もって相談しておきます。

②交通費・ガソリン代等

バスや電車の交通費、地方なため車で移動せざるを得ないときのガソリン代なども費用と考えます。

③各種手数料・登記料等

住民票、戸籍、登記簿謄本、印鑑証明書の手数料、交通費、登記費用、税理士に払う費用など、まとまった費用が必要になることもあります。

④賃貸住宅にかかわる費用等

故人が賃貸住宅に住んでいる場合は、すぐに管理会社や大家さんに申し出て解約したとしても、1～2カ月分の家賃負担が発生するので注意が必要です。また、家賃の滞納が見つかることもあります。

親の賃貸契約の保証人に保証能力の問題から、若い働き盛りの子世代の遺族がなっていることがあります。そのため、親が孤独死した場合、保証人である子世代に、大家さんから原状回復費用を請求されることもあります。いざと言うときのために、日頃から賃貸契約の内容をよく理解しておくといいでしょう。

まずは無料の法律相談で問題点を洗い出す

法律の専門家に相談に行くときには、家系図メモ、財産目録、遺産分割協議書、通帳、不動産関係の書類、税金の納付書など、必要な書類のコピーを適宜用意しておきます。一番不安なこと、解決したいことや期限、相続人や親族の間で、今後どのようにしたいかという要望をまとめて書面にしてから相談するといいでしょう。短い時間であっても、的確なアドバイスをもらえることにつながります。

専門家に相談に行くと、だいたい30分5000円以上の相談料がかかります。まずは地域などの無料相談で問題点を洗い出してから、正式に専門家に依頼するのがおす

図表⑧ 法律相談とお役立ちＨＰ

- 法テラス（世帯収入によっては無料になるケースもある）
- 税務署
- 法務局
- 公証役場
- 高齢者福祉センターの福祉法律相談
- 地域の女性センターの法律相談
- 日本弁護士連合会・日本税理士連合会・日本司法書士連合会・日本不動産鑑定士連合会や地域の弁護士会など
- 国税庁「税金に対するＱ＆Ａ」
 （地域の税務署に行くと、ＨＰに掲載されているのと同じ内容の相続に関する冊子を無料でもらうことができる）

すめです。

市区町村などの役場、税務署、法務局などの公共機関、弁護士や行政書士の連合会などでは無料の電話相談や対面相談があります。相談日が限られていたり、予約が必要なことが多かったりするので、事前に問い合わせてみましょう。

行政書士は、書類は作成してくれますが、相手方への交渉まではしてくれません。

だれに相談していいかわからないときや、総合的な相談にのってほしいときは、弁護士に相談するといいでしょう。

3 相続税がゼロならフネも安心——磯野家の遺産分割協議①

家族全員出席の遺産分割協議

カツオは四十九日の当日に、磯野家の「遺産分割協議」をするため、中島くんのアドバイスを受け、その準備に奔走《ほんそう》してきました。

相続人全員が集まりやすい四十九日が終わったあと、一気に遺産分割協議を終わらせようという作戦です。

都内に住む三人のきょうだいですが、四十九日ぐらいでないと、全員が顔を揃えることができません。カツオも普段はサラリーマン。サザエもワカメも多忙な身。何度も郵送でやり取りするより、きょうだいが揃ったほうが手っ取り早いのです。

カツオは、サザエとワカメに財産に関する資料や印鑑証明、実印を持ってくるよう、あらかじめ連絡を入れ、作戦に抜かりはありません。

さて、当日。波平の四十九日の法要を無事にすませ、近所の方々や親戚を送りだしたその日の夜です。

フネ、サザエ、マスオ、カツオ、ワカメのほか、中島くんと花沢さん、早川さんも助っ人として、ちゃぶ台を囲んでいます。

カツオ「さあー磯野家『遺産分割協議』を始めるよー」

サザエ「みんな忙しいなか集まってんだから、早く始めましょうよ」

〃ぼくは磯野家の長男だ〃と顔に書いてあるかのような仕切りぶりです。

遺言書がない場合に、相続人が遺産の分け方について話し合うことを「遺産分割協議」と言います。相続人全員の同意が必要なため、「遺産分割協議書」を人数分つくり、実印を押します。

このときの話し合いが、その後の相続の基本となります。

基礎控除で相続税のボーダーラインがわかる

家族が集まったとは言うものの、果たして相続する物が磯野家にはあるのか、ピン

図表⑨ 磯野家の遺産分割協議書

遺 産 分 割 協 議 書

平成○年○月×日、東京都世田谷区桜新町あさひが丘三丁目○番地　磯野波平の死亡によって開始した相続の共同相続人である磯野フネ、フグ田サザエ、磯野カツオ、海山ワカメは、本日、その相続財産について、次の通り遺産分割の協議を行った。

1. 相続財産中、東京都世田谷区桜新町あさひが丘三丁目○番宅地250平方メートル及び同所所在家屋番号００番居宅木造瓦葺平屋建床面積○○平方メートルの建物は、磯野フネが相続すること。

2. 相続財産中、××銀行あさひが丘支店の普通預金（口座番号○○○○○）500万円及び……は、フグ田サザエが相続すること。

3. 相続財産中、××銀行あさひが丘支店の普通預金（口座番号○○○○○）500万円及び……は、磯野カツオが相続すること。

4. 相続財産中、××銀行あさひが丘支店の定額預金（口座番号○○○○○）500万円及び……は、海山ワカメが相続すること。

右協議を証するため、本協議書を参通作成して、それぞれに署名、押印し、各自壱通保有するものとする。

平成○年○月×日

東京都世田谷区桜新町あさひが丘三丁目○番	磯野フネ	印
東京都世田谷区桜新町あさひが丘五丁目○番	フグ田サザエ	印
東京都東久留米市清瀬○番	磯野カツオ	印
東京都三鷹市吉祥寺○番	海山ワカメ	印

ときていない人もいるようです。

サザエ「相続税って、だいたいお金持ちの話でしょ？　うちは関係ないんじゃないの？」

カツオ「そう言われてみれば、うちの財産と言えば、築50年のボロ家ぐらいだしなあ」

花　沢「何言ってるの！　建物は古いかもしれないけれど、ここは世田谷よ。道路に面した立派な土地があるじゃない！　東京23区内の一戸建てを相続する人は、関係する人が大幅に増えるって言われているくらいなのよ」

カツオ「なんだって!?」

中　島「まずは基礎控除っていう、課税の『ボーダーライン』を計算してみよう」

２０１５年１月から、相続税に大きな法改正があり、これまでの４割減という基礎控除額が変更になりました。財務省のホームページなどによると、今までは全体の４％ぐらいのお金持ちの一家しか、相続税を支払っていませんでしたが、基礎控除額という課税されない枠が小さくなったのです。そのため磯野家など、東京23区の一戸建ては、相続税に、ほぼ関係あると言われています。

具体的には、

基礎控除＝3000万円＋（600万円×法定相続人の数）

となります。

たとえば磯野家の場合、相続人は四人（フネ、サザエ、カツオ、ワカメ）なので、3000万円＋（600万円×4）＝5400万円が基礎控除額となります。

つまり、磯野家の総資産が5400万円以下なら税金を払う必要はなく、申告自体が不要となります。

逆に、5400万円を超えると、税金がかかってきます。申告するという前提で、早め早めに動いたほうがいいでしょう。また、法定相続分に応じて、税率は変わります。一定の贈与も相続財産に含まれるので、贈与をしていないかどうかも確認する必要があります。

小規模宅地等の特例を活用する

磯野家の場合、税金はどうなるのか？　フネ、サザエ、カツオ、ワカメが気になっていると、それを察した花沢さんが口を開きました。

花　沢「磯野くんちは売るとしたら、土地だけで1億2000万円ぐらいになるわね」

カツオ「そんなに高くなるの!!　じゃあ、1億2000万円－5400万円＝6600万円分の相続財産に対して税金を払わなくちゃいけないってこと?……無理だよ！」

中　島「あきらめるなよ。『小規模宅地等の特例』っていうのがあるよ」

小規模宅地等の特例とは、330㎡を上限に、配偶者や、親と同居していた子や、親が一人暮らしでカツオのように賃貸住宅に住み別居していた子が、実家に住み相続をするときに、宅地の相続評価額が、80％減になる制度です。亡くなった人が住んでいたことのほか、条件がたくさんありますので注意してください。

もし波平が入院して、自宅に住んでいなかったとしても、家に帰ってくることが前提なので、この適用は受けられます。

ただし、入院が長期にわたり、その間賃貸に出したりすると、適用が受けられなくなります。

これらの基準は、被相続人がその家を生活の拠点としていたかということです。高齢化社会とは、健康寿命と平均寿命の差が開いていくなか、いろいろな事例が考えられ、制度は複雑化しています。賃貸に出すときや制度を利用したいときは、税理士に相談してからのほうが間違いないでしょう。

配偶者の税額軽減で相続税ゼロに

長年住み慣れた家に住めなくなる危機感を覚えたフネに、助け舟を出してくれたのは早川さんでした。

早　川「フネおばさんは配偶者の税額軽減があるから、ぜひ使いたいわ」
サザエ「それって、パートで勤めている人の103万円の壁とかなんとかっていう話でしょ？」
中　島「サザエさんの言っているのは収入があったときの話。相続の場合の配偶者の税額軽減っていうのは、まったく別ですよ」
フ　ネ「これを使えば、税金を払わずにこの家に住めるのかい。ありがたいねえ」

相続税の配偶者の税額軽減とは、
①1億6000万円
②配偶者の法定相続分
の二つのうち、どちらか高いほうまでが非課税となる制度です。
磯野家の場合、預貯金を入れても1億6000万円以下ですから、フネには相続税はかかりません。なお、この制度は確定申告が必要になるため、遺産分割協議をまとめておくことが必要です。

花　沢「特例のほかにも未成年者の税額控除、障害者の税額控除などがあるの。どれも専門的で難しいのよね」

中　島「特に特例って自動的になるものじゃないから、期限内の申告が必須なものがほとんどだよ。使える特例がないかを考えていかないと損をするね」

カツオ「相続税はとても税率が高いから、使える特例がないかを、早めに中島みたいなファイナンシャル・プランナーか、税理士に相談したほうがよさそうだね」

4 家族同然のタマにも相続させられる!?――磯野家の遺産分割協議②

相続税の申告・納付期限は10カ月以内

遺産分割協議も佳境に入ってきました。

フネ、サザエ、カツオ、ワカメ、マスオが一堂に会し、大もめです。嵐のような言い争いの疑問点を、中島くん、花沢さん、早川さんが一つずつひも解いています。

家族で言い争いをしながらも、重要なことにカツオが気づきました。

カツオ「相続って、いつまでに終わらせればいいの？　間に合わなかったり、忘れちゃったりしたらどうするの？」

中　島「相続税の申告期限は、被相続人がなくなったことを知った日＝波平おじさんが亡くなった日の翌日から10カ月以内が決まりだよ」

悪気がなくても申告漏れがあったり、期限が過ぎてしまったりしたら、納税不足分には高率の加算税がつくので、期限までに確実に払ったほうがいいでしょう。

相続税には現金のほか、物納や分割で支払う延納という方法もあるので、払えないと思ったら、早めに税理士に相談しましょう。

税務署から指摘を受ける前に支払の不足に気がついたら、自分たちから修正申告すれば加算税はつきません。

家の共有相続と単独相続の違い

磯野家では家の相続をどうするのか、これが家族のもっとも気になるところです。まずはカツオが自分の意見を述べるため、口を開きました。

カツオ「ぼくは将来、この家で暮らしたいんだ。今のうちにぼくの名義にしたいんだけど、きょうだいの意見が合いそうもないよ」

花　沢「家を売買するときに大変なのは、共有名義になっていて、意見が一致しなくて売れないときなのよね」

今はフネが元気だから、１３４ページの小規模宅地等の特例や、配偶者の税額軽減も使えます。そのため、フネの単独名義で相続して、今からフネに相続対策をしておいてもらうといいでしょう。

一番簡単な対策としては、フネが亡くなったら相続する人、たとえばカツオだったら、カツオを受取人にした生命保険をかけておく方法があります。

死亡保険金は指定された受取人しか受け取ることができないので、カツオが家をもらう代わりに、その代償金として死亡保険金をサザエとワカメに払う方法です。保険に詳しいファイナンシャル・プランナーに相談するといいでしょう。

サザエ「ちょっと待ってよ。母さんが亡くなってからのことは、まだ時間がたっぷりあるから、そんな先のことまでカツオが決めないでね」

カツオ「……」

（――この話はＰａｒｔ４・５へと持越しです）

親の介護をした分、多く受け取るのはあり？

相続と言っても、親の面倒をどれだけ見たかによって、単に財産を均等にすればいいとは思えない人は少なくありません。磯野家でも、このことについて不満の声が上がりました。

サザエ「ワカメもカツオも、普段は母さんのことをほったらかしだったけど、私はこれでも、カツオたちよりは実家に顔を出して、母さんの手助けをするため、家事をしたり、病院への付き添いをしたりしてきたわよ。その分、多く相続させてくれてもいいんじゃないかしら？」

カツオ「それはそうかもしれないけど、ぼくだって今回の実家の片づけで、何かと奔走して大変だったんだ。そのことも考慮に入れてよ」

一般的な日常生活の家事の補佐や介護をしても、それは親子の扶養義務の範囲内とみなされます。ですから、サザエとワカメ、カツオの三人は同じ取り分になります。

仮にフネに介護が必要となり、サザエが仕事を辞めて、すごく長い期間介護したとか、よほどのことがない限り、認められないケースが多いのです。

どうしても、ほかのきょうだいよりも財産を多くもらいたい場合は、フネに「サザエに多く財産を譲る」という遺言書を今から書いてもらうか、カツオやワカメとの話し合いで遺産分割協議書を確定させる前に、多くもらえるように話し合うかのどちらかになります。

相続人になれない「娘婿」の苦悩

相続が不条理にさえ思えてしまう人がいました。だれよりも波平の趣味につきあい、磯野家の潤滑油にもなっていたマスオです。

マスオ「今は別居しているけど、ぼくはお義父さんのために、碁のお相手をしたり、釣りのお供をしたり、磯野家にすごく貢献してきたと思うんだ。でも相続人になれないなんて……やっぱりなんだか悲しいよ」

（遺産分割協議で、お母さんやカツオくん、ワカメちゃんから、ぼくにもどうぞってい

う話が出てこないのは、もっと悲しいよ……マスオの心の声）

娘婿が法定相続人になるには、波平と養子縁組をしておくなど、波平が生前に手続きをする必要がありました。

サザエ「母さんのときには、マスオさんに財産が行くよう、せめて遺言を書いてもらいたいわ」

（……サザエはやっぱりやさしいね～。キミと結婚してよかったよ……マスオの心の声）

フネ「サザエ、何を言い出すんだい、私はまだ逝かないよ。遺言なんて先の話だよ！」

早川「確かに順番からすると、ご高齢なのはフネおばさんだけど、だれが先に亡くなるかは、わからないものよ。それぞれが自分の将来を考えて、準備していきましょう」

きょうだいで相続割合を変えられるか？

一見、磯野家にあまり貢献していないように思われるワカメにも、ちゃんとした言い分がありました。

ワカメ「お兄ちゃんは小さい頃から勉強ができないから、塾や家庭教師をつけてもらえて私立の学校に行ったけど、私は大学まで全部、国公立よ。教育費がかかっていない分、相続で考慮してもらえないかしら」

カツオ「そんな昔のことまで持ち出されても……」

教育にかかった費用は、一般的に子どもの生活の面倒を見る範囲になりますから、法定相続で考慮するのは難しいことです。

こういったきょうだい間の不公平感は、一生続きます。親が生きているうちによく話し合ってわだかまりをなくしておかないと、相続の場面で家族が断絶するケースがよくあります。相続人同士で同意が得られなくて、家庭裁判所の調停に持ち込まれることもあります。

いずれにしても手続きが大変です。親御さんが亡くなったあとのきょうだいの仲が心配な場合は、親世代がきょうだい間の不公平感をなくす遺言書をつくっておくのが一番の対策となります。

感情面のわだかまりが大きく残らないように、遺言書に感謝の言葉も添えてあるといいかもしれません。

孫が知らない「預金通帳」の存在

フグ田家の相続の悲劇はマスオに止まりませんでした。タラオにも、まさかの展開が訪れたのです。

サザエ「海外留学中のタラオ名義で、父さんがつくった通帳が出てきたわ」

カツオ・ワカメ「(声を合わせて) ずるいよ!」

中　島「それは名義預金にあたるから、タラちゃんのものにはならないよ」

カツオ「じゃあ、母さん、サザエ姉さん、ワカメ、ぼくで相続する財産ってことになるね (笑)」

サザエ「そんなあ~、あてにしてたのに!」

タラオは30歳を過ぎても海外の大学院で勉強しているので、波平は学費や生活費の心配をして、少しずつ積み立てていたようです。

ただ、タラオはずっと海外にいるので、波平が積み立てていた通帳のことは知りませんから、タラオの名義を借りた「名義預金」になってしまいます。

通帳や印鑑を管理していたのはタラオではなく波平なので、波平の財産になるのです。

子や孫に贈与をしたいときは、生前贈与として年間110万円まで非課税枠を使ったり、教育費資金として贈与したりする方法があります。各条件は決まっているので、信託銀行などで手続きをしたり、税理士やファイナンシャル・プランナーに相談したりしたほうがいいでしょう。

老親が認知症の場合、だれが後見人になるか?

フネは話し合いに疲れたのか、いったん寝室に引き上げていきました。

サザエ「大きな声では言えないけど……もし母さんが認知症になったら、どうなるのかしら？」

中　島「認知症の相続人がいたら、家庭裁判所に『成年後見人』などを選任してもらう必要があるんだ」

カツオ「成年後見人？」

成年後見人は、本人に代わって不動産を売ったり、財産管理をしたり、介護施設入所への契約をしたり、遺産分割の協議をしたりすることができる人のことです。後見人は親族でもいいのですが、カツオやワカメのように相続人だと利害が絡むので、家庭裁判所で特別代理人を選任することになります。

この場合、専門家である弁護士や司法書士がなることが多いです。住所地の家庭裁判所に成年後見制度開始の審判の申し立てをしてから、法定後見ができるようになるまでケースによりますが、通常3～4カ月はかかります。

高齢化社会なので、後見人も増える傾向にあります。介護保険の申請窓口や、地域包括センターに尋ねると、住んでいる地域の情報を得られるため、聞いてみるといいでしょう（182ページ参照）。

家族同然と言えどもペットには相続権はない

磯野家と言えば、忘れてはならないのがタマです。フネにとってタマは、今では唯一の同居人で家族も同然です。

三代目タマ（推定14歳）がフネの膝にゆっくりと乗りました。人間で言えば75歳ぐらい。正真正銘の〝後期高齢者〟です。

タ　マ「にゃ〜」

フ　ネ「タマは磯野家の家族ですよ。父さんの財産を受け継ぐ権利はあるんじゃないのかい」

カツオ「……」

中　島「あのう、お気持ちはわかりますが、日本の法律では財産を相続できるのは『人（法人）』だけなんですよ……」

フネにとってタマは家族のような存在ですが、相続人にはなれません。動物は法律上、物として扱われるので、飼い主が亡くなるとだれかが相続することになります。ただし、実際は生き物なので飼い主が亡くなったら、すぐにだれかが世話をしなければなりません。

特に一人暮らしの高齢者がなんの対策も立てず、ペットを残して亡くなると、ご近所さんにも迷惑がかかります。ペットにとって、飼う人がいなくなって保健所に連れていかれたら、かわいそうなことになります。前もって世話をしてくれる人を見つけておき、遺言書などで餌代などの遺産を残すといいでしょう。

ペットは家族なので、いざと言うとき、だれが引き取るか、餌代はどうするのか、普段から考えておきたいものですね。

Part 4

カツオを苦しめる「空き家問題」

実家を「迷惑資産」にしない方法

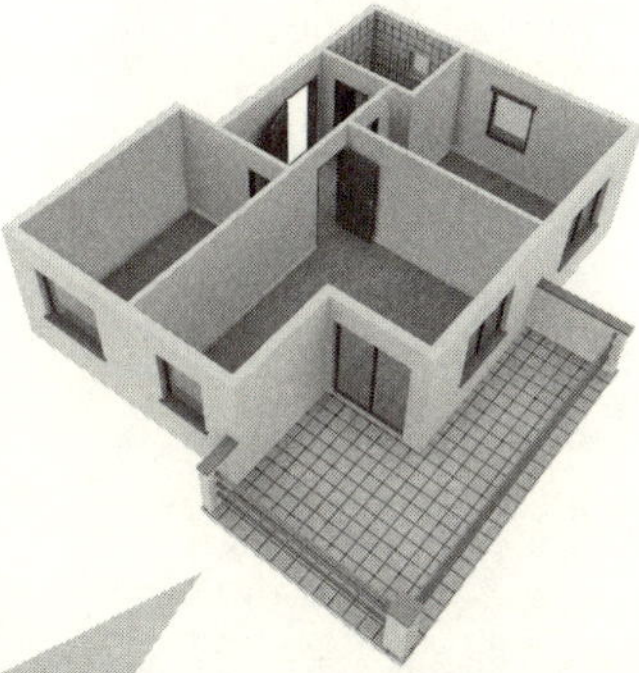

実家が心癒される場であり、将来黙っていても資産として自分に転がり込んでくるのは昔の話。
「空き家」が乱立する今、磯野家も人ごとではありません。
カツオの取った選択を見てみましょう。

1 「ゴミ屋敷」と言えども資産は資産

将来、「空き家」になるのを防ぐ

波平が亡くなったことがきっかけで、ゴミ屋敷化していたことが発覚した磯野家。カツオの奮闘のおかげで、あふれる物と残された遺産処理を乗り越えた磯野家は、10カ月後の相続税の納付期限にも、なんとか滑り込みセーフとなりました。

今日の磯野家は、オールスターが勢揃いです。ちゃぶ台を囲んで、片づけに尽力してくれた方々に、お礼の夕食会が開かれています。

フ　ネ「おかげで部屋も相続もすっきりしたよ。みんなありがとうねえ」
カツオ「税金が安かったから、父さん名義の土地建物をすべて母さん名義にしたよ」
花　沢「さすが磯野くん。賢い選択ね」

空き家になり、何年も放置されている主な原因に、「共有名義で話し合いがつかず、売るに売れない状況になる」というケースが多くあります。

共有名義だと、一人でも売りたくないという人がいると、不動産は売却の道が閉ざされるのに等しいからです。

特に財産が持家ぐらいしかなく、きょうだいや親戚の間でもめるのは、親が両方とも亡くなったときです。磯野家の場合、波平が亡くなった「今」ではなく、フネが亡くなったときが、本当にもめるXデーなのです。

波平が亡くなったときを一次相続、フネが亡くなり、カツオたちの代が相続するときを二次相続と言いますが、もめないためにも、波平が亡くなった一次相続のときはフネが単独で相続し、今からフネが亡くなったときの相続対策を立てるのが得策でしょう。

遺産分割協議書をつくったら早めに登記する

花沢さんがカツオの耳元で、何やら小さな声でささやいています。

花　沢「磯野くん、遺産分割協議書をつくったし、すぐに登記もしておいたほうがいいわよ」
カツオ「どうして？」
花　沢「あとで面倒なことが起こるのを防ぐためよ」
カツオ「……」

磯野家では、フネの単独名義として相続はいったん解決しました。

しかし、ここで安心して登記をせずにほっておくと、あとになってサザエやワカメが「やっぱり共有にしたい」と言いだしたときに面倒になります。登記に期限はありませんが、売るときは必ず相続登記が必要になります。せっかく家族が合意したのなら、早めに登記しておくに越したことはないのです。それは将来、カツオ、ワカメ、サザエが年老いたとき、タラオやワカメの娘たちの代に、煩雑な手続きを残すことになるからです。

2 「この家に住みたい」で再燃！ 磯野家のもめごと

「住む」「貸す」「売る」で考える家の将来

にこやかな談笑が続くはず……でしたが、事は簡単にいかないようです。カツオはずっと心に秘めていた「あること」を切りだすことにしました。

カツオ「実はぼく、将来この家に住みたいと思っているんだ」

カツオは今住んでいる独身寮が、会社の経営見直しの一環で売却され、半年後には引っ越し先を探さなければいけない事情を話しました。

サザエ「家を独り占めする気？ だから、あんなに熱心に片づけていたのね」

ワカメ「お兄ちゃんだけ自分で家を買わないなんて、ずるいわ。私は子どもにお金がかかるけど、頑張って家のローンを払っているのに」

カツオは顔を真っ赤にして怒りだしました。カツオとしては磯野家の代表として、母さんと家をなんとかしたい一心で片づけたり、相続の面倒な手続きを頑張ったりしたのに！　という思いでいっぱいです。

サザエ「母さんが住まなくなったらさっさと売って、売れた代金を分けたほうが平等よ」
フ　ネ「私しゃ100まで生きるつもりなのに、勝手に死なせないでおくれよ」
カツオ「……」
花　沢「みんな！　これじゃあ、ケンカになるだけの『負』動産になっちゃうわ！」

ご意見番のひと声で、茶の間は水を打ったように静かになりました。

花　沢「まずは磯野家を『住む』『貸す』『売る』の三つのパターンで、シミュレーションしてみましょ。まずは『住む』パターンよ」

3 実家暮らしはタダじゃない!? カツオが「住む」という選択

家を現金化!? リバースモーゲージの活用

花沢さんの提案で「住む」シミュレーションをすることになり、早川さんの頭に真っ先に浮かんだことがありました。

早　川「磯野くんが住むというよりも、これからフネおばさんが住み続けることを優先して考えてみませんか」

カツオ「母さんが住むにはリフォームしたほうがいいけど、どんなものがあるんだろう?」

リフォームといっても、トイレや廊下の段差をなくすリフォームからリノベーション（大規模改修）まで、いろいろあります。介護保険が使えたり、自治体から補助金をもらえたりすることがあるから、工事をする前に役所に問い合わせて、よく調べたほうがいいでしょう。
ただし、リフォームには悪徳商法もあり、一人暮らしの高齢者が狙われることがあります。地域の口コミ情報や、民生委員さんに相談して、施工業者を探すといいでしょう。

カツオ「いずれにしても、築50年以上たっているから、リフォームにすご～くお金がかかるかもしれないね。どうしよう」
中　島「リバースモーゲージも念頭に入れるといいよ」
カツオ「リバースモーゲージ？」

リバースモーゲージとは、自宅に住み続けながら、リフォームや介護費用など、まとまった資金が得られる方法です。銀行などで取り扱っています。自宅を担保に月々お金を借り、親が亡くなったときに一括返済する方法です。そのため、手元にある老後資金を崩すことをせず、自宅をリフォームしたり、介護費用を支払ったりすることができるのです。

ただし、金融機関側からすると、地価が下落した場合のリスクを負うことになるので、担保の評価や条件が厳しいものになっています。現実的には、思い通りの資金が調達できない可能性もあり、あまり浸透はしていません。

また、フネが亡くなったときに現金で返せない場合、自宅を売却して返済に充てるので、カツオたちは家を相続することができなくなります。その場合は死亡保険金や預金で返済できるよう、あらかじめ対策を立てておくことが必要です。

●相続人が実家に住む場合の特例

ワカメ「さっきはつい怒ってしまったけど、私もサザエ姉さんも持家があるから、現実的にはお兄ちゃんに住んでもらうしかないのよね」

カツオ「そうだろ！（エッヘン）。でも、ぼくもまた転勤になる可能性があるから、ずっと住めるってわけじゃないかもしれないんだよね」

中　島「フネおばさんが亡くなったあと、ずっと磯野がここに住むとしたら、『小規模宅地等の特例』を使えるかどうかが鍵になるね」

親と同居していた子や、賃貸住まいで別居していた子が実家を相続して住む場合、宅地の相続税評価額が8割減になる制度が「小規模宅地等の特例」です（135ページ参照）。

カツオのように持家がない人にとっては大きなメリットとなりますので、活用するといいでしょう。逆に言えば、ワカメやサザエのような持ち家のある相続人には適用されません。

ただし、相続した実家に住まない場合は、税の負担が大きくなることもあるので、税理士によく相談しましょう。

実家暮らしでも肩にのしかかる諸費用と手間

カツオが実家に住むにしても、タダで住めるわけではありません。そのことを認識させるために、サザエはカツオに念押しすることにしました。

サザエ「カツオはタダでこの家に住むつもりかもしれないけれど、カツオ名義にしたら、それなりに税金とかを負担することになるわよ」
カツオ「社宅住まいだとかからない費用だね」

実家が〝持ち家〟になったとしても、タダで住めるわけではありません。固定資産税、都市計画税、維持管理費や、植木屋さんに払うお金はもちろん、光熱費や町内会費といった金銭面だけでなく、日頃の庭の手入れとか道路の掃き掃除などの手間や、町内会のゴミ当番、防犯見回り当番みたいな地域の活動にも参加することになります。

いくら愛想のいいカツオでも、親切なご近所さんに恵まれたとしても、全部の活動に参加したり、アウトソーシングしたりするのも無理があります。転勤になれば、その間の家の管理も必要です。カツオも一生シングルとは限りません。パートナーができたり、子どもが生まれたときに、フネとうまく暮らしていけるかどうかも未知数と言えるでしょう。このように持ち家と賃貸のどちらが得か、簡単には言えないのです。

4 空き家にするなら貸すほうがマシ!?「貸す」という選択

●貸す際の膨大な費用とリスク

あくまでカツオは実家に住むことを想定しながら、転勤になったときのことについて、意見を言うことにしました。

カツオ「転勤になったりして、住むのが無理になったときは、だれかに住んでもらえばいいじゃないか」

花　沢「そこは不動産屋の出番よ。早速シミュレーションしてみましょう」

貸すと言っても、磯野家は駅までバスを使わなければならない距離で、家も古いので、本当に借主がつくかどうかは微妙です。貸すにしても、和式トイレを洋式に改装したり、畳を替えたり、ふすまを張り替えたりするなど、お金がかかります。そのほかメンテナンス、仲介手数料、諸経費などがかかります。

実際には、ものすごくきれいにリフォームしても、今は家そのものが余っているので、何カ月も借り手がつかないことが結構あります。そのため、すぐに借り手がつかない期間の家賃も計算しなければいけません。

空き家にするよりも、人が住んでいるほうが家は傷まないので、かなり家賃を下げて借りてくれる人を探す人もいます。家を貸すのも大変なのです。

花沢さんのアドバイス◎転勤が多い人向けの定期借家契約

将来、磯野くんが地方に転勤となり、地方から帰ってきたときに違う人が住んでいたら、磯野くんは住めなくなるわ。

そういうときは、普通の賃貸契約でなく、期間満了時に契約終了できる定期借家契約にすると、またここに住めるようになるわ。不動産屋によく相談してね。

家賃を保証するサブリースという選択

サブリースとは、土地を活用する方法の一つで、アパート経営などをしている大家さんから不動産管理会社が部屋などを一括で借り上げ、固定の家賃を払い続けてくれる仕組みです。たとえば、磯野家のきょうだいで賃貸アパートを建てた場合、家賃収入を分けることができるようになります。

大家さん側からすると、入居の募集コストや空室リスクが減り、面倒な手続きも丸投げできるメリットがありますが、直接自分で賃貸に出すよりも受け取れる賃料が減り、契約期間中に解約しにくかったりするというデメリットもあります。家賃30年保証と言いながら、アパート建設のローンの負担もありますし、2年ごとの更新で家賃そのものが下がることもあります。

導入するにあたっては、空室が続いたときはどうなるのかなど、将来にわたってさまざまな場面を想定し、よく検討する必要があります。

5 実家を売却して平等に分ける!? 「売る」という選択

実家を「売る」メリット・デメリット

実家を貸すことやアパート経営に興味を示したカツオですが、何かと費用がかかるなどの問題が多いため、どうすればいいのかわからなくなってしまいました。

カツオ「うちはアパート経営ってほどの土地の広さも財力もないし……どうしよう」

花　沢「古い家は、すぐに売れるとは限らないし、ケース・バイ・ケースよ」

カツオ「やっぱり売っちゃうのが、手っ取り早いのかな……」

先ほどまで、自分が磯野家に住み続ける気持ちになっていたカツオでしたが、現実はそうはいかないことに気がつき、弱気になってきたようです。

すでに子どもに持ち家があったり、子どもの仕事の都合で実家に住めなかったりする場合、できるだけ早く売ったほうがいいという考え方があります。

家を持たなければ、固定資産税やランニングコストもかかりません。人口はどんどん減る予定ですから、空き家率が上がることはあっても、急に下がることはないという社会の状態を考えれば、早く売ったほうがいいというのが理由です。

売却の手続きは、不動産会社に売却依頼をすれば、アパート経営のように長期にわたる面倒な契約などがいりません。

ただし、磯野家のように古くなると快適には住めない状態なので、売れない可能性があります。対策としては、昭和の趣《おもむき》のある「古民家」として活用してもらえる買主を探す方法もあります。また、解体費用を負担し、更地にする方法もあります。デメリットとしては、解体費用がかかることです。家の規模にもよりますが、一般的な一戸建てで解体費用に200万円前後はかかると言われています。また、更地にすると売れない間の土地の固定資産税の負担が軽減されず、6倍となりますから注意しましょう。

ほかにも、家を売ったときに受けられる税制がいろいろとあるので、税理士に相談したほうがいいでしょう。

家を売る場合のさまざまな特例

親が生きているうちに売ったときは、売却益から最高３０００万円が控除される居住用住宅の「特別控除」があります。親が施設などに入って、住まなくなってから3年目の年末までに売れれば適用されます。また、カツオの名義になっていなくても、フネとカツオが同居していて、フネの死後に売却し、カツオが相続した場合も同様です。

さらに、親が実家を10年以上持ち続けていれば、売買益に軽減税率が適用される制度もあります。

相続後に売る場合は、3年10カ月以内に売ると、「取得費加算の特例」があります。これは、支払った相続税のうち、売って得た財産にかかる部分を、土地建物の取得費に加算できるので、課税対象の金額を減らすことができる制度です。

いずれも細かい条件があるので税理士に相談して、最大限のメリットを活用するといいでしょう。

花沢さんのアドバイス◎不動産を早く売りたいとき

時々、いろいろな事情で「早く家を売って現金化したい」という相談を受けることがあるわ。どうしても早く売りたいときには、不動産業者に買い取ってもらったり、期日までに売ってもらう保証をしてもらったりする方法などがあるから、相談してみてね。

ただし、期日を優先すると、売りたい値段よりも下回るのを覚悟しなければいけないから、よく吟味してね。

名義変更がなされていない場合は、遺産分割協議書が必要だから、相続人と話し合ってね。

早く売りたいときほど、相続人同士の納得が鍵になるわ。よく話し合いを進めておいてね。

6 磯野家にもふりかかる空き家問題

「迷惑資産」にしないための対応策

今後、実家をどうするのか、何かと問題がある磯野家ですが、フネが亡くなったときが本当の意味で、なんとかしなければならないXデーです。

カツオ「今、空き家が問題になっているね。うちも母さんが一人暮らしだから、いつどうなるかわからないよ」

中島「空き家と言っても、予備軍から危険な状態まで段階があるんだ。実態と対応策をシミュレーションしてみよう」

①空き家予備軍

磯野家のようにフネが健在とは言え、親が高齢の場合、いつ空き家になるかわからない状態です。カツオのように同居を希望していても、いざとなったときに仕事の都合で同居できなくなることが少なくありません。

対策としては、

・実家の片づけ…安心・安全・健康に暮らせる家にする（Ｐａｒｔ1参照）
・親族との定期的な訪問や電話・片づけ・ゴミ出しサポート・通院・買い物・家事サポート
・民生委員や地域包括センター・ご近所との連携
・民間の見守りサービスの活用
・高齢者の見守り・センサー・機器などの安否確認サービスを使う

などを検討してみてください。

②空き家

住む人がいなくなったケースには、いろいろとあります。親族間で家をどうするか意見がまとまらなかったり、すぐに売却できない事情があったりして、空き家になることが多いのです。

空き家になったのち、賃貸物件などとして有効活用できるケースもありますが、かなり恵まれた条件のときに限られています。固定資産税などのランニングコストもかかるといった、お金の問題も発生します。

対策としては、家族で対応しきれなければ、ＮＰＯ法人や不動産管理業者などの空き家管理サービスを使うといいでしょう。

③危険な空き家

長い間、放置された空き家は、樹木も伸び放題で景観を損ね、ゴミの不法投棄や害虫の発生などが問題になっています。

となりの家に悪影響を及ぼしていたり、不審者や放火の危険、老朽化し倒壊の危険があったりするケースなどは、自治体が「特定空き家」と認定し、持ち主に対して管理するよう、助言や指導、勧告することになります。

この指導を受けながら改善をしない場合は、勧告を受けます。勧告を受けると住宅用地特例の対象から外され、固定資産税の優遇措置の適用を受けることができなくなります。つまり、更地と同じの固定資産税を払うことになってしまうのです。

住んでいなくても負担が増え、さらに勧告を無視して、そのままにしておくと強制撤去（行政代執行）となることがあります。

対策としては、住まないことが決まったら、すぐにどのように有効活用するのか、次の一手（売る、貸すなど）を打つのが先決となります。

花沢さんのアドバイス◎空き家になる前に必ず実家の片づけを

ゴミが道路まではみ出している空き家があると、周辺の不動産の値段まで下がってとても迷惑よ。実家の片づけがつい面倒で判断を先延ばしにしているうちに、どんどん家は傷んで、あっという間に危険な空き家になってしまうの。空き家を売るにしても、賃貸に出すにしても、片づいていないことには、どうにも対策が取れないのよね。実家の片づけは、早めに取りかかるに越したことがないわ。

今のうちに話し合うことが最善の空き家対策

実家をどうするのかを話し合っていると、フネの気持ちに変化が表れました。

フ　ネ「この家は父さんの夢のマイホームだったんだよ。私が死んだら、とにかくこの家のことで、みんなに迷惑をかけたくないよ」

カツオ「母さん、死ぬなんて縁起でもないこと言わないでくれよ」

早　川「磯野くん、その逆よ。フネおばさんは、これからのことを考えていらっしゃるのよ。素晴らしいじゃない」

最大の空き家対策は、親が元気なうちに話し合うことです。

高齢になると、突然の入院や認知症などの病気になることがありますから、親が元気なうちに、家をどうしたいのか、どういった住まいが理想なのかなど、指針となる要望を聞いておくといいでしょう。

親自身が将来について考える体力と気力があるうちに、少しでも希望を聞いておくだけでも、忙しい子世代が親の希望に沿った情報収集をすることができます。

今は仲のよいきょうだいであっても、抱えている事情はさまざまです。親というコア（核）があるうちに、話し合いをしておくことで、子世代で相続争いに発展するのを防ぐことができます。

Part 5

フネも安心！ 自分で備える「生前整理」

あとあと遺品整理を楽にする「身辺の片づけ」

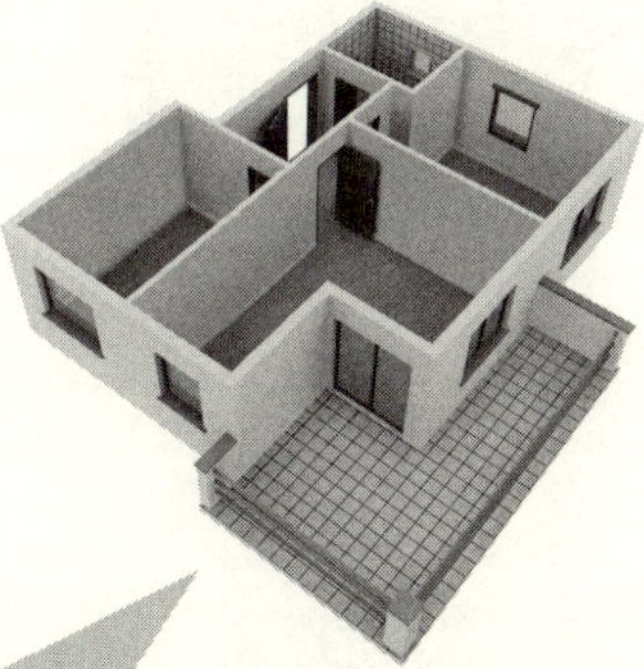

ゴミだらけの部屋の片づけ、相続問題、空き家対策……カツオは親きょうだいのもめごとを順に片づけていきました。
最後に磯野家みんなが幸せになるフネの生前整理を見ていきます。

1 本当は波平が生前にやるべきだったこと

遺品整理を通して見えてくる生前の親の姿

すっきりした茶の間では、ちゃぶ台を囲んで、波平の思い出話に花が咲いています。カツオの奮闘で、家の中の物の片づけをすませ、相続もすべて一件落着……とは、まだまだいかないようです。

サザエ「こうして片づけてみると、父さんって案外、抜けていることばかりだったわよね」
カツオ「ほんと、抜けているのは、髪の毛だけにしてほしかったよ」
サザエ「一銭にもならない壺ばっかり集めて『ばっかも〜ん』って言いたいところね」
ワカメ「お父さんは片づけも相続も、なんの対策もしないで旅立ったから、みんなに迷惑かけたわよね」

かつての大黒柱、波平はすっかり残念なお父さんに成り下がっています。

波平は家が散らかっていることで、物につまずいたのが命取りとなりました。片づけは、ときには命をも守ります。そのため自分が管理できる物の量に保ち、「見える化」し、普段の生活を過ごしやすくする片づけを心がけてください。

さらにお金の片づけをしていなかったことで、故人の遺志が伝わっていなかったので、相続でのもめごとを「大きなツケ」として、磯野家に遺してしまったのです。

カツオ「いろいろ大変だったけど、頑張って片づけてよかったよ」
ワカメ「この先、私たちも年を取るから不安は残るわ」

みんなの話をずっと黙って聞いていたフネが、突然きりりとした表情になりました。

フ　ネ「私が逝くときは、父さんみたいに周りに迷惑かけたくないね」
カツオ「……」

なんということでしょう！

カツオが床に置いてあるチラシ1枚を捨てただけで怒っていた、あのフネが、物が捨てられなくてゴミ屋敷化するまで放っておいた、あのフネが！　えらい変わりようです。

フネのように、周りに迷惑をかけたくないと思ったときが、コミュニケーションを取りながら「終活」を始める最大のチャンスで、片づけも進みます。お金の話もしやすくなりますので、早め早めに節税対策を立てることができ、遺産をめぐって、きょうだいでもめることも少なくなります。

高齢になると、突然の入院や認知症などの病気になることがあります。親が元気で終活をする気になったら、そのチャンスを逃さず、これからどうしたいのか、家をどうしたいのか、どういった住まいが理想なのかなど、要望を聞いておくといいでしょう。

次ページからは波平がやらなかった、元気があって家の片づけをやる気もある親世代にしていただきたい、三つの秘訣をご紹介します。

2 財産・貴重品を引き継ぐ――フネの生前整理①

貴重品・重要品をリストアップ

預金なら銀行名や残高などの詳細を明記し、保険なら契約内容、受取人や金額など、遺産分割協議書をつくりやすいように相続財産目録をつくっておきましょう（116ページ参照）。

ご両親が健在なお宅は、子世代に財産の情報を伝えるのも大事ですが、ぜひ夫婦間で、どこに何があるのかを話すところから始めてみてください。案外、夫婦でも共有されていないことが多いものです。せめていざと言う緊急時のために、リストのしまってある場所だけでも、共有しておくといいでしょう。保険やネット預金などの情報がないと、なかったことになってしまいます。書き出して家族に伝えておいてください。

財産のすべてを家族に伝えたくない場合でも、第一ステップとして、〝ここを見ればわかる〟という状態にして大事な物をしまっておかないと、フネやカツオたちのように、遺された家族が右往左往することになります。家族で防災グッズを確認するときに、重要品のしまってある現物を確認するといいでしょう。

また、波平の世代は、銀行口座を開設するのに制約がなかったので、たくさんの口座を持っています。通帳やカードはなるべく一本化しておきましょう。

クレジットカードやたいした残高のない通帳、ポイントカードなどがいくつもある場合は、本人が元気なうちに不要なものは解約して数を減らしておいてもらうだけでも、相続やその後の手続きで、本人も家族もずいぶん楽になります。

元気なうちに遺言書を書いておく

遺言書では、財産に関することを伝えることができます。

親がだんだんと終活に興味を示したら、ライフメモから遺言書へと進みましょう。

遺言書には、証人不要で手書きがＯＫの「自筆証書遺言」、公証人役場で保管するので偽造や紛失の恐れがない「公正証書遺言」、内容を周りの人に秘密にできる「秘密証書遺言」があります。

相続放棄の手続きは亡くなって3カ月、相続税の納付期限は10カ月しかなく手続きが大変なので、遺言書があると、遺された人は本当に助かります。遺言書は、先に相続財産目録（116ページ参照）を仕上げてから、取り組むとスムーズに書けます。

遺言書の話が出たところで、サザエはマスオのことを話してみることにしました。

サザエ「マスオさんは、お義母さんに遺言書を書いてもらうって、昨日からはりきって大阪に行っているわ」

大阪にいるマスオの母は今でいうシングルマザー。女手一つでマスオを大学まで出してくれた肝っ玉母さんでしたが、ここ数年、認知症となり、施設で暮らしています。マスオは介護割引のきく交通機関を駆使して、たびたび大阪に帰省しているのです。

中　島「あのう……認知症になってからの遺言書は、基本的には無効になるケースが多いんですよ……」

サザエ「なんですって！」

遺言書は、書いた時点で判断できる能力があったかどうかが問題となります。認知症に限らず、病気などで意識のレベルが問われることもありますし、判断能力があとになって問われる場合もあります。

だれかが書かせたのではないかと、かえって争いになることもあります。

病気になってから慌てて遺言書を書こうと思っても、時間と手間がかかるケースもあります。親世代が元気なうちに、早く書いてもらうに越したことはないのです。

認知症などで判断能力がなくなったときに、財産管理が難しくなったり、契約などでトラブルに巻き込まれたりする危険性があります。

そういう場合に財産や権利を保護し、不利益を受けないように家庭裁判所に申し立てて、成年後見人（親族のほか、弁護士、司法書士などの専門家）を選任する制度が、成年後見制度です。

成年後見人に与えられる代理権は、判断能力が衰える前にあらかじめ決めることができる「任意後見」制度と、衰えたあとに利用できる「法定後見」制度があります。後見人は、お金の管理、家の売却、相続などを行うことができます。

手続きも制度も複雑なので、裁判所や地域包括センターなどに相談して、将来の不安を減らしていきましょう。

遺言書を書いたら、相続の手続きをする人を遺言執行者として指名しておくといいでしょう。親が指名しておけば、きょうだいの間での不公平感が減ります。身内に頼めない場合は、専門家になってもらうこともできます。疑問があれば弁護士などに相談しましょう。

生前贈与を上手に活用する

生前贈与は、節税効果が見込める場合に検討するといいでしょう。生きているうちに贈与を受ける人一人当たり年間で110万円の基礎控除があり、贈与を受ける対象者についての制限がありません。子や孫だけでなく、それ以外の方にも財産を渡すことができます。

波平が生きているうちなら、マスオに財産を生前贈与してあげることができたでしょう。一年間で基礎控除の額が決まっているので、早く始めたほうが相続財産を減らすことになるので節税効果があります。条件がありますので、税理士などに相談するといいでしょう。

教育に充てる資金としてならば1500万円までの贈与を非課税とする制度があり、ひ孫にも適用されます。ただし、贈与を受ける側が30歳までです。タラオのようにいくら学生でも30歳を過ぎている人には使えません。

また、婚姻期間が20年以上の夫婦に限り、一定の要件を満たせば、夫婦の間で住まいの不動産を2000万円まで贈与が控除される制度もあります。フネの場合、波平から所有権を部分的にでも移しておくなどの対策をしておけば、相続税を減らすことができたでしょう。そのほか、生前贈与にはいろいろな制度や手続きがあります。早めに税理士やファイナンシャル・プランナーに相談しましょう。

片づけの費用も残しておく

自分が生きているうちに片づけられない場合は、片づけの費用を残しておき、遺言書に書いておくだけでなく、中心になって作業をしてくれる人を指名しておくとよいでしょう。

片づけは、手間も費用もかかります。相続税の控除の対象にもならず、労力がかかります。前もってはっきり決めておくことで、子世代のきょうだい間の争いを減らすことができます。

早川さんのアドバイス◎死後事務委託契約

遺言書は財産の引き継ぎのみで、エンディングノートやライフメモはもともと法的効力がないの。つまり、いくら希望を書いたとしても、執り行われる保証はないって言うこと。特に家族がいない人は、遺言のほかに信頼できる人を選び、死後事務委任契約書をつくっておくといいわ。

死後事務委任契約では、葬儀や家の片づけ、家財や生活用品の処分、賃貸住宅の退去手続き、医療費の支払いなどをお願いすることができるの。

死後事務委任契約書は公正証書にしておくのがおすすめ。報酬が発生するので、遺産から払う場合、相続人から遺産が減るので、苦情になることがあるからよ。行政書士や司法書士に頼んだり、事前に相続人に報酬の内容を了承してもらったりしておくといいわ。

3 大事な思い出や物を整理する――フネの生前整理②

だれが見ても「大事」だとわかるようにしまう

親世代は、片づけと同時に、手元に置きたい思い出の品や、子世代に遺したい物があれば、だれが見ても大事だとわかるようにしまうことで、家族や周りの人に大事だと伝えることができます。

子世代は、生前整理をする親御さんに、一番いい思い出の品を選んでもらい、よく目につくところにきれいに飾ってみてください。親子ともにこれからの人生を前向きに生きることができます。

物の持ち主が亡くなり、ゴミ屋敷化した家では、ゴミと大事な物、高価な物が一緒くたになって、結局は捨てられる運命となってしまいます。もったいなくて捨てなかったけれど、なくてもいい物に埋もれたり、まぎれたりしたら、ただのゴミになってしまうのです。これでは大事な思い出の品や、高価な物が、本当の意味でもったいないことになってしまいます。

親が元気なうちに、一番お気に入りの物を大事にしまうためにも、あまりお気に入りでない物や捨てられない物は、一時保管箱に仕分けをしておいてもらいましょう。

もし選ぶことができないのであれば、自分が亡くなったあと、全部捨てていいということを明言しておくと、周りの人は安心です。

特に亡くなった人の持ち物や手作り品は、遺族にとってはすべてが故人の思い出となってしまい、処分はとてもつらい作業になります。生前に、本人がベスト2、3点を選んでおくと、家族は悩まなくてすみます。

家族に見られたくない物を処分

大事な物を大事にしまう一方で、見られたくない物の処分は、すましておかなければなりません。亡くなったとき、イメージを落とすことになるからです。磯野家でも、カツオが何か見つけたみたいです。

カツオ「母さんには内緒だけど、母さんじゃない女性の筆で書いた『恋文』っぽい手紙が出てきてびっくりしたよ。なんかいやだな」

サザエ「それ知ってるわ。あれは亡くなった父さんの妹が書いた手紙よ。ラブレターじゃないわよ」

カツオ「な～んだ」

早　川「若い人でも病気で動けなくなることがあるから、見られたくない物は片づけておいたほうがいいわね」

カツオ「ぼくの部屋は、見られたくない物だらけだ！　独身だからいざと言うとき、だれも片づけてくれないし」

花　沢「磯野くん、なんなら私が代わりに片づけてあげてもいいわよ」

カツオ「いいよ、遠慮しとくよ！」

笑い話みたいですが、実家の片づけや遺品整理では、故人のイメージが下がる、家族が見たくない物が出てきて、ひともんちゃくすることがよくあります。見られて恥ずかしい物は、片づけておくに越したことはありません。

ゴミ屋敷化した実家を片づけるだけでも大変なのに、見たくない物が出てくると、家族はますます悲しい気持ちになります。

特に手紙や写真、日記など、見られてもいい物だけを残して自分で処分したり、逆に自分が旅立ったあと、処分してほしい物は、処分方法を明言したりしておきましょう。処分費用も一緒に残しておくといいでしょう。

4 財産以外のことはライフメモで伝える——フネの生前整理③

好きなことや思い出を書いておく

フネは、生前整理をしながら、着物を普段使いできるようほどいてつくり直したり、自分の好きな食器や大事な物、思い出の品を目につくところに飾ったりすることができました。終活を前向きに捉えるようになってきたのです。

どうやら、ライフメモや遺言書にも取りかかろうとしているようです。

フ　ネ「私も年だから、いつどうなるかわからないねえ。葬儀とか、お墓とか、家の片づけの希望も遺言書に書いとくね」

早　川「フネおばさん、遺言書はあくまでも財産についてしか効力がないんです。財産以外のことは、磯野くんたちにライフメモなどで伝えておくといいですよ」

過去のできごとや思い出については、99ページで書き出したので、ここからはライフメモの未来編です。記録しておくことで、周りに自分の思いや希望を伝えることになります。何を書くかは自由で、決まりはありません。

一番好きなことや未来への思いや希望は、案外、家族や身近な人でもわからないものです。

これから始めたい趣味や、行きたい場所、会いたい人などについて思いを巡らすだけでも、生き方が前向きになります。大切な人に、伝えておくといいでしょう。

子世代も、両親が亡くなってから、思い出や望みを聞いておけばよかったと後悔するのは悲しすぎます。親が元気なうちに子世代が、親からいろいろな話を聞くことは、親孝行にもなります。書いておくと、親も家族も、片づけや相続などの手続きが楽になり、気持ちのうえでも幸せになります。

ライフメモに書いておくといい主な内容は、次の通りです。

家系図や交友リストを作成する

磯野家では、四十九日の法要に呼ぶべき人も、相続人の範囲もわからなくて大変でした。家系図をつくっておくと相続人や葬儀に呼ぶ人が一目瞭然で、いざというときに慌てなくてすんだでしょう。祖父母の代ぐらいまででいいので、出生日時と住所と電話番号を記入しておくことをおすすめします。さらに、病歴や死亡理由なども書き足しておくと、病気の治療にも役立つことがあります。がんや糖尿病などのように遺伝が時として問われるような情報は、わかる範囲で書いておくといいでしょう。

孫と一緒に祖父母が楽しみながら書いて、家族の歴史を話すのもおすすめです。

波平は、ご近所さんとのつきあいのほかに、囲碁サークルや吟行《ぎんこう》仲間などがいましたが、入院や葬儀のときに交友関係がわからず、連絡できませんでした。

仲のよい友人や親戚に限らず、民生委員さんの名前、かかりつけの病院やよく買い物に行くお店のリストをつくっておくといいでしょう。何かあったとき、だれに連絡してほしいのかなどがわかるようにしておきます。親戚の名簿と一緒に、リスト化してもいいでしょう。

医療や介護の方針も伝える

親が危篤になると、場合によっては医者から延命治療などの話をされることがあります。このような状態になったとき、親はどのような治療を望むのかを聞いておくだけでも、家族が判断しやすくなることがあります。

サザエ「病院で、父さんの延命治療について聞かれたときは困ったわ」

カツオ「ぼくはお一人さまだから、自分のことを考えたほうがいいと思って、この前、ドナーカードをつくったんだ。ぼく自身が考えている臓器移植の話を、母さんにしてみようかな」

早川「親にいきなり判断してもらうより先に、磯野くんのドナーカードと意思表示を伝えるといいわね」

病気の治療方針や、延命治療の話は、高齢者にとっては、あまりにも現実的すぎてつらい話です。避けては通れない問題ですが、ご近所や身近な人が入院したときや、これらの話題が出たときに、話をするのがいいでしょう。

臓器移植に関しては、高齢だったり病気がある場合は、移植できないことが多いので、無理にする必要はないでしょう。いざドナーカードを目の当たりにしたり、病気になったりすると、気持ちが変わる人も多いのです。そんなときは、「この前こう言ってたじゃない！」などと親を責めないで、ライフメモを更新していきましょう。

治療費もかなりかかりますから、介護の費用と一緒に考えて、親が動けなくなったときにどのような支払いをするのか、財産について考えるときと並行して検討しましょう。

たとえ親が元気であっても、介護はどうするのか、最期を迎えるときは、できるだけ自宅で過ごしたいのか、今の家に住み続けるのか、高齢者向けの住宅に入りたいのか、その際の費用はどうするのかなどは、早めに話し合っておくのが理想です。

葬儀やお墓の希望も伝える

波平に葬儀やお墓について、どんな希望があったのかを聞いていなかったので、すべて葬儀会社にお任せとなってしまいました。葬儀はこうしなければいけないという決まりはありません。それがわかっていても、波平の思いを反映した葬儀だったのかどうかという、家族の自問自答が続いているのです。

葬儀で流したい音楽や出席してもらいたい人、宗派などの形式、戒名、棺に入れてほしい物や予算など、具体的に書いておくといいでしょう。あまりにも高額だったり、実現不可能な葬儀の希望だったりすると、残された人も困りますが、想定できることを書き残しておけば、家族は迷わずにすみます。

葬式のときに困るのが、遺影にするのに適した写真がないことです。波平も遺影を用意していなかったため、カツオが大変な目に遭いました。

カツオ「お葬式のときに、父さんの遺影がなくて困ったよ。ゴミ屋敷のような家の中、写真を探し回って大変だったよ」

サザエ「遺影がないと、お葬式にならないのよね」

早川「顔写真は若いうちから用意しておいたほうがいいわ。災害時の身分証明なんかにも役立つからね」

早川さんのアドバイス◎使い道が意外にある！　お気に入りの顔写真

どんな流派のお葬式でも、必ず遺影は必要です。遺された人にとっても、その人のイメージをずっと抱き続けることになる大事です。早めに本人の希望で、選んでおけるといいわね。

でも、本人がその気になっていなければ、「遺影はどれにする?」なんて、子世代からは言いにくいもの。そんなときは実家の片づけを進めながら、「防災リュックに家族の写真を用意しておこう」という理由で、家族の写真と一緒に選んでみてね。

実際、災害時にはぐれてしまったときに写真があると、避難所などで家族を探し出すのに役に立つわ。それにここだけの話だけど、万が一認知症になって行方不明になったり、どこかではぐれてしまったりしたときにも、顔写真があると慌てなくてすむわ。そのため家族や親族で記念日に、写真館できちんと写真を撮っておくのもおすすめです。

これからについても書いておく

始めたい趣味・続けたい趣味、好きな食べ物、旅行で行きたい所、会いたい人など、これからどうしたいのかを書いてみましょう。時々見直して、自分の気持ちの変化の履歴も残しておくといいですね。

すでにライフメモ回想法（96ページ参照）で、大事な過去は選んでいますが、これからは大事な未来も選んでいきます。

未来編のライフメモ（198〜199ページ参照）を書きながら、やりたいことをしていく指針にしましょう。

亡くなったあとの〝人生〟を「未来ボックス」で〝演出〟する

人は、亡くなったあとも、家族や周りの人の心の中に「思い出」として〝生き続ける〟という考え方があります。「亡くなったあとも、自分の人生は続く」という前提で、自分の人生を〝演出〟するための「未来ボックス」をつくることをおすすめします。

「未来ボックス」とは、亡くなったときに家族に開けてもらう箱のことです。タイムカプセルの未来編みたいなものです。

子どもや孫世代まで遺したい物、生きているときに話せなかった思い出などを記し

月以上のときに告知してほしい／告知しないでほしい等）

□臓器提供　（希望あり　なし）

□介護やこれからの住まいの希望

自宅／できるだけ自宅／施設／家族に任せる／介助にきてほしい等

□治療費・介護の費用

保険でまかなえる／預金でまかなう／年金で払う

使える金額と種別　（　　　　　　　　　　　　）

治療や介護の時に財産関係や治療の方針をゆだねたい人　（　　　　　　　　　）

□葬儀の希望

質素／盛大／家族葬／家族に任せる／その他の希望

葬儀費用の内訳

戒名・宗教の希望

葬儀に呼びたい人

遺影（用意してある　○○に保管　家族に任せる）

□墓の希望

先祖代々の墓／家族に委任／自然葬／その他の希望

□ペット

ペットの名／血統書等／既往症／かかりつけの病院等

飼ってほしい人／餌代について／飼い方の注意

□これからについて

始めたい趣味／続けたい趣味／好きな食べ物／旅行で行きたい所／会いたい人等

図表⑩ ライフメモ　未来編

ライフメモと同じ用紙やノートに、自由に書き足してみよう（99ページのライフメモ回想編の続きに書きましょう）

□名前
□住所
□緊急連絡先
□携帯番号
□メールアドレス
□出生地／本籍地
□保険証番号／年金番号／マイナンバー
□一番大事な思い出・好きな事
□家系図
（111ページ参照、居住地、既往症、死亡原因なども記入）
□交友関係リスト
親戚／サークル／町内会／元の勤務先関係
担当の民生委員／よく買い物に行くお店
□遺言書（ある　保管場所　　　　　なし）
□医療の希望
□かかりつけ医
□血液型／アレルギー有無／常備薬／既往症
□延命治療（希望する　しない　回復の見込みがなければ打ち切ってほしい等）
□意思表示できない場合の治療
（判断してほしい人　　　　　　　　）
□病名の告知　（病名にかかわらず希望する／余命が○カ

た物やノートを入れておきます。
「未来ボックス」に入れるのは、ライフメモや遺言書、金品などでもかまいません。棺桶に入れてもらいたい物、引き継いでもらいたい形見の品を入れてもいいでしょう。
宝物やお気に入りの遺影、お葬式のときに「こういう人だと思われたい」というような文章や、読み上げてもらいたいお礼の言葉などを入れておくのもいいでしょう。亡くなったあとに届く家族へのプレゼントもいいでしょう。

フ ネ「『未来ボックス』に入れた針箱は、棺桶に入れておくれ。それから、みんなへの手紙と、父さんへ天国で読んでもらいたい手紙とプレゼントを入れておくよ。なんだか、人生の終わりが、始まりのような気がしてきたよ」

カツオは、フネが自分のエンディングに向き合っている気持ちがうれしくて、ちょっぴり涙ぐんでいます。

サザエ「私も『未来ボックス』をつくってみようかしら」

ワカメ「なんだかエンディングが明るくなりそうね」
フ　ネ「片づけって、思いを伝えることなんだねえ」
カツオ「実家を片づけて本当によかったよ」

磯野家にとって、「未来ボックス」に何を入れるかを話すひとときは、また新しい思い出が一つ増えたことになったようです。

エピローグ　団らんを取り戻した「その後」の磯野家

波平が亡くなってから1年後、磯野家のある日曜日のことです。

庭では、カツオが波平の形見の盆栽に水やりをしています。今では日課となっているのです。カツオは磯野家を片づけた半年後から、実家でフネと同居しています。住んでいた独身寮を会社が売りに出し、退去しなければいけなくなったのを機に、実家に引っ越したのです。

茶の間では、4歳と6歳になるワカメの娘たちが、畳の上でゴロゴロしながら遊んでいます。

磯野家が片づき、カツオが同居したことで、時々ワカメは磯野家に娘たちを預けるようになりました。そのため、シッターさんの手配ができない急なときなどでも、安心して義父母の家や仕事に行けるようになったのです。

実家が片づいたことで、ワカメは気持ちの面でも余裕ができたようです。

フネは孫が遊びにくる回数が増えて、うれしくてたまりません。新しい生きがいになっています。

スッキリと片づいた縁側では、三代目のタマが気持ちよさそうに丸くなっています。

マスオは廊下の切れた電球を取り替えているところです。

サザエはフネの布団を庭に干しています。

「みんな、ありがとうね。助かるよ」

フネが電球の取り替えや布団干しなど、家のことでしてほしいことを、素直に頼むようになったのです。

フネが着ている割烹着は、波平の着物をほどいてつくり直したものです。趣味の裁縫も、波平との思い出とともに復活したのです。

「みんな、お茶にしておくれ」

みんながちゃぶ台に集まってきました。磯野家に、かつての団らんがよみがえったのです。

フネ「片づいていると気持ちがいいねえ。家って、元気なときは片づくねえ」

サザエ「父さんは仕事を定年したのに、母さんはいくつになっても、家事は全部一人でやらなきゃって思っていたでしょ。そんなにしなくてもいいのよ。最近はやってほしいことを言ってくれるようになったから、うれしいわ」
フ　ネ「おかげで最近、体の調子もいいよ」
カツオ「早川さんが言ってたけど、片づけは健康のバロメーターなんだよ」

会話もはずんで、楽しそうですね！
マスオが新聞を広げながら言いました。

マスオ「ほら、となり町の空き家のあとが、老人ホームになったみたいだね」
カツオ「これ、花沢不動産の物件だよ。こんな施設がどんどん増えているね」
フ　ネ「一度、見学に行ってみようかね」
サザエ「母さんたら、せっかく家が片づいたのに」

サザエはなんだか不服そうです。

マスオ「サザエ、何もお義母《かあ》さんは施設に入るって言ってるわけじゃないんだよ。これから将来をよりよく生きるために、いろいろなことを知っておいて、暮らし方を選ぶのを考えるのはいいことだと思うよ。見学に行くぐらい、いいんじゃないのかな?」

フ　ネ「マスオさんの言う通りだよ。私も『未来ボックス』に入れる物を考えるようになったし、エンディングとやらを迎える準備をする気持ちになってきたよ」

これまで頑張って片づけてきた甲斐があった! と、カツオは心のなかで叫びました。カツオは〝親孝行〟をしたようですね。

カツオ「母さん、家のリフォームをもう一度考えようよ。トイレと玄関のたたきの段差は直したけど、台所の床もなんとかしようよ」

フ　ネ「そうだねえ、予算も考えようかねえ」

カツオ「ついでにぼくの部屋もリフォームしたいな。新しいフィギュアを並べる棚をつくりたいんだ」
サザエ「カツオ〜、調子に乗るんじゃないわよ！　父さんが生きていたら、ばっかもーんよ」
ワカメの娘たち「おじちゃんとおばちゃん、にらめっこしてる。おかちーい」

カツオとサザエのやり取りを見て、二人の孫が大笑いです。
もうケンカになりませんね。

サザエ「こうして、将来のことを話せるようになって、本当によかったわ」
カツオ「これからは安全に、安心して、健康的に過ごせるね」
サザエ「実家の片づけをしてよかったわよね、カツオ」
カツオ「やらなくて後悔するよりも、少しずつでもやったほうが、うんといいってことだね。エッヘン！」

磯野家の「実家の片づけ」幸せ物語は、まだまだ続きそうです。

おわりに

あなたはもう「実家の片づけ」に直面しましたか？

「広い実家がある」「実家を相続した」と言ったら、「資産家」としてうらやましがられたのは今や昔のこと。「大変だね。うちもだよ」というのが、核家族化で親と離れて暮らす子世代の合言葉となっているご時世です。

親の膨大な荷物と家屋敷の整理、生前整理、遺品整理、相続、空き家の管理や売却などの流れの総称を「実家の片づけ」と言うのなら、それはたいてい仕事や家事で忙しい子世代に降りかかります。そして、実家の片づけは、少子高齢化社会のなかで親の介護や終活と並行して訪れる、大きなテーマと化しているのです。

さらに追い打ちをかけているのが、全国平均で7軒に1軒と言われる空き家問題です。売りたくても売れず、空き家となって放置され、知らず知らずのうちに近隣に迷惑をかけていることもあります。施設入所や入院で人が時々しか帰ってこない家、一人暮らしの高齢者の親だけが住む「空き家予備軍」を含めれば、その数はさらに増えます。もはや多くの人にとって、他人事ではありません。

2015年には、そのままにしておくと危険と思われる空き家に対し、自治体が撤去や修繕などを命令できる、いわゆる「空き家対策特別措置法」が全面施行され、注目されたくらいです。

簡単に売ることもできず、ゴミ屋敷化することを恐れ、新幹線などを使って遠くの空き家と化した実家の片づけに、年次有給休暇のほとんどを費やしている働き盛りの方からの相談もあります。「少子高齢化社会」のなかで、子世代の負担は増える一方です。

「実家の片づけ」は、これまでのような〝お片づけブーム〟とは明らかに違うのです。モデルルームのようにきれいに収納するワザや、家事として求められている整理整頓ブームのみならず、それまで片づけとは縁のなかった男性読者中心の経済誌や、報道系の番組でも広く取り上げられている、大きな社会問題です。

このような背景には、戦後の経済発展や親世代の確固たる「持ち家」信仰、使わない物の持ちすぎが原因となっています。親世代は戦中戦後の大変な時代を知っている方々です。片づけに悩んでいるのは、やはり今が物余りの時代で、ある意味では平和だからでしょう。

気がついたら、家の中に過剰に物があふれ、人のためでなく、「物のための収納」をするようになり、暮らしを豊かにするはずの物の片づけに苦しむという、「本末転倒」の現象が、多くの実家で起きてしまったのです。それは家庭というブラックボックスの中にあったことが、虐待やＤＶ（ドメスティック・バイオレンス）同様、「実家の片づけ」というキーワードによって可視化したとも言えるでしょう。

さらに「ゴミ屋敷」のゴミを条例により撤去する「行政代執行」がニュースとなり、人々の関心は高まっているのです。まずは物余りの現実に目を向け、実家の片づけを社会問題として捉える視点を身に着けることが、解決の糸口になるでしょう。

また、高齢化社会で逆転したのは、物と人との関係だけではありません。

平均寿命が延びたことで、親子である期間も延びました。親が子育てをする期間よりも、親子が大人の人間同士として向き合う期間のほうが長くなったのです。これは親子の体力が逆転する期間のほうが長くなったとも言えます。少子高齢化社会とは、数が少なくなった子どもが、高齢の親と長い期間過ごす時代でもあり、人々が初めて直面する現象が起きているのです。

そんななか、核家族化で別々に暮らす子が、たまにしか帰省しないのは珍しいことではありません。親が元気なうちにしたほうがいいとわかっていても、価値観の違いという大きな壁に阻まれてしまうのです。実際、母親が先に亡くなり、外食ばかりでゴミを捨てない父親に悩む娘、亡き父親の物をすべて遺品として持ち続け、買い物ばかりする母親に悩む息子など、多様化した相談が増えてきました。

家が散らかっていると、生活や介護の質が落ちます。もちろんリフォームや売却の話も進みませんし、入院やお葬式となれば家族は大慌てとなります。家にある財産や相続人の情報を整理しておかないと、税理士や弁護士に相談することすらできません。

一人っ子同士の結婚も増え、両方の実家に加えて祖父母や叔父・叔母宅など、一組の夫婦が自宅以外に複数の家の片づけを抱えるなど、深刻な相談も増えました。少子高齢化社会では、家族だけでは手に負えない問題となっているのです。

そんな大変な状況ではありますが、ほとんどの方は、さんざん親子でケンカをしても、片づけてよかったとおっしゃるのが、「実家の片づけ」です。実家の片づけを通して、よき思い出を親が「回想」して、子世代に伝え、コミュニケーションを取りながら片づけることで、結局は家族が円満になっていくのです。実家の片づけは家族では抱えきれない問題ですが、親が元気なうちにするのが経済的にも体力的にも精神的にもいいのは明白です。物には代えがあっても、親子関係はこの世にたった一つしかありません。実家を片づけたいと思う人がいたら、親のことを知るいい機会、新しい親孝行として捉えてみてください。そのほうが、親の思いを受け継げるだけでなく、相続問題などの解決となり、最後は子世代が得をすることになるのです。

物をため込む親世代と、ミニマリズムと言われる物を持たない子世代とのギャップを埋める懸け橋になること――これが「実家の片づけ世代」に課せられた社会的な役割の一つなのかもしれません。

これからは、家族だけでは抱えきれない実家の片づけを、物の片づけだけでなく親子関係をプロデュースし、幸せづくりのお手伝いをする、磯野家で大活躍した早川さんのような専門家が躍進する時代となっていくのは間違いないでしょう。それはちょうど、家族だけでしていた引っ越しが、1970年代に入り業者に頼むようになり、今ではそれが当たり前となっているのと同じ道をたどることでしょう。
本書によって深刻化する実家の片づけ問題が少しでも世間で認知され、実家が片づくきっかけになれば幸いです。

最後になりましたが、これまで出会ったすべての方々、いつも支えてくださっているみなさま、講座を受講してくださった方々、一般社団法人実家片づけ整理協会のみなさま、片づけ上手塾エグゼカレッジ表参道校の関係のみなさまに、心より感謝を申し上げます。
また、本企画をいただきました、NEO企画代表でファイナンシャル・プランナーの長尾義弘様と、Part3・4・5を監修してくださいました税理士の水本昌克様、SBクリエイティブ株式会社のみなさま、そして本書のモデルとしてご登場いただいた磯野家とその仲間のみなさまに、心より感謝を申し上げます。

2016年4月
渡部亜矢

◎参考文献

『どうする？　親の家の空き家問題』大久保恭子著（主婦の友社）2015年
『なぜ、「回想療法」が認知症に効くのか』小山敬子著（祥伝社）2011年
『老いた親を愛せますか？』岸見一郎著（幻冬舎）2015年
『遺品整理士という仕事』木村榮治著（平凡社）2015年
『人生100年時代への船出』樋口恵子著（ミネルヴァ書房）2013年
『くらしの豆知識　特集消費者トラブルSOS』（千代田区消費者センター）2015年
『身近な人が亡くなった後の手続のすべて』児島明日美、福田真弓、酒井明日子著（自由国民社）(2014年)
『どうする？　親の相続』澤田有紀著（主婦の友社）2015年
『磯野家の相続税』長谷川裕雅著（すばる舎）2014年
『節税は「花沢不動産」にきけ！』長谷川裕雅著（中央公論新社）2014年
『プロが教える実家の片づけ』渡部亜矢著（ダイヤモンド社）2015年
『「５つの鉄則」でラクラク！　実家の片づけパーフェクトＢＯＯＫ』渡部亜矢著（光文社）2015年
＊その他、厚生労働省、法務省、財務省、国税庁の各ホームページ

読者のみなさんへ

最後までお読みいただき
ありがとうございました。
「処分しやすい物リストつき『実家の片づけ』チェックシート」が無料でダウンロードできます。
(なお、本読者特典は予告なく停止・終了することがあります)

実家片づけ整理協会　検索

URL://jikka-katazuke.net/bookreader/

著者略歴

渡部亜矢（わたなべ・あや）

実家片づけアドバイザー。1965年神奈川県生まれ。銀行、出版社を経て、2012年に片づけ上手塾エグゼカレッジ表参道校を共同で設立後、「実家の片づけ講師」として活動。2016年一般社団法人実家片づけ整理協会の代表理事となり、「実家の片づけ」に特化したアドバイザー養成講座を開講。高齢化社会に即した生前整理や遺品整理の講師育成、出張片づけサービスの人材育成などに取り組んでいる。最近の「実家の片づけ」への関心の高まりとともに、NHK「あさイチ」、フジテレビ「スーパーニュース」などの番組出演をはじめ、新聞、雑誌に登場。著書に『プロが教える実家の片づけ』（ダイヤモンド社）、『「5つの鉄則」でラクラク！　実家の片づけパーフェクトBOOK』（光文社）がある。

URL://jikka-katazuke.net/

内容監修：リーガル・アカウンティング・パートナーズ　税理士　水本昌克

個人、法人クライアントの資産対策、相続・事業承継対策問題に専門家チームワークでサポートするとともに、医療、ヘルスケア分野にも事業展開を行っている。

URL://www.la-partners.co.jp/

SB新書　342

カツオが磯野家《いそのけ》を片《かた》づける日《ひ》

後悔《こうかい》しない「親《おや》の家《いえ》」片《かた》づけ入門《にゅうもん》

2016年4月15日　初版第1刷発行

著　者　渡部亜矢《わたなべあや》

発行者　小川 淳

発行所　SBクリエイティブ株式会社
〒106-0032　東京都港区六本木2-4-5
電話：03-5549-1201（営業部）

装　幀　長坂勇司（nagasaka design）

組　版　鶴田環恵

編集協力　ＮＥＯ企画、山原明彦

印刷・製本　大日本印刷株式会社

落丁本、乱丁本は小社営業部にてお取り替えいたします。定価はカバーに記載されております。本書の内容に関するご質問等は、小社学芸書籍編集部まで必ず書面にてご連絡いただきますようお願いいたします。

©Aya Watanabe 2016 Printed in Japan

ISBN 978-4-7973-8272-3